탠저블 필로소피: 성학십도 VR

이현진, 이원진, 김형신, 박진훈, 김지연, 김현수,
김호남, 문준석, 정해진, 현승철, 홍광민

도서출판
청람

머리글

지난 3년간 X-Media Center 연구팀은 퇴계 이황이 남긴 〈성학십도(聖學十圖)〉를 가상 현실로 만드는 작업을 진행하였다. 〈성학십도〉는 조선 성리학자 퇴계 이황(退溪 李滉, 1501~1570)이 선인들이 이룩한 삶과 학문의 체계를 1860자의 한자어와 도상 이미지, 상징을 통해 한눈에 보기 쉽게 형상화하여 총 10개의 그림 속에 담아놓은 책이자, 이를 열 폭 병풍으로 압축시켜 놓은 저작물이다. 그야말로 한국학의 '결정체'라 할 수 있다. 이는 대제학으로서 퇴계가 16세에 왕위에 오른 선조 임금에게 마지막으로 바친 상소문이기도 하다. 사람다운 삶을 향한 열망, 그 삶에 이르지 못할 경우 자신은 물론 권력자에 대한 비판에 철저했던 선인의 생각을 총체적으로 엿볼 수 있는 단초인 것이다. 하지만 우리는 단지 500년 전의 고전을 복구하거나 부활시키려는 것이 아니다. 성학십도를 통해 전해진 선인의 간곡한 호소는 어쩌면 오늘을 사는 우리에게 더욱 어울리고 사무치기 때문이다. 본래의 성스러운 사람, 참사람으로서의 자기를 되찾기 위한 자기돌봄과 배움의 길은 오늘날 각종 인간관계에서의 갈등 및 삶과 업무에서 오는 스트레스 등 마음과 몸의 병을 가진 현대인들에게 여전히 아니 어쩌면 더욱 절실한 의미와 가치를 지닌다.

우리 연구팀은 퇴계가 평생 탐구해 압축해 낸 동양 철학 개념이자 조선 성리학의 개념을 가상 현실(Virtual Reality, 이하 VR)이라는 생생하고 체험적인 시공간 구성을 통해 풀어내고자 시도하고 있다. 우리는 이를 '성학십도 VR'이라고 부른다. 조선 성리학에서 말하는 '리(理)'의 세계는 매우 형이상학적이며 철학적 개념이다. 보이지 않고 만질 수 없어 오직 씨말(개념)로만 상상했던 하늘과 마음이다. 우리는 그 세계를 VR을 통해 눈에 보이고, 귀에 들리며, 만져질 듯한 경험으로 쉽게 해석하고자 노력해 왔다. 이 방식을 통해 사람의 생각이 차려지는 방식을 보여주고 싶었다. 성학십도가 본래 열 개의 그림인 것처럼 우리 성학십도 VR 역시 총 열 개의 각기 다른 가상 현실 콘텐츠 작품으로 재해석해 제작하고 있다. 성학십도가 열 폭의 병풍이란 매체로 전시됐던 것처럼, 성학십도 VR 역시 열 개의 가상 공간에 가장 현대적인 매체로 재설치하고 있다. 우리는 이런 의미에서 책 제목을 '탠저블 필로소피(Tangible Philosophy)'로 정했다. 만져내고, 빚어낼 수 있는 철학이라는 의미다. 한국학에 바탕한 작품 제목을 영어로 쓰는데 고민이 없지는 않았다. '디지털 시공간으로 빚어낸 철학', 그것도 한국 성리학이므로 '디지털 시공간으로 빚어낸 K-철학'을 제목으로 고심하기도 했지만 결국 이 모든 의미를 압축하는 것이 '탠저블'이라는 단어에 들어가지 않을까 생각했다.

이 프로젝트는 동양 철학, 특히 한국 철학은 물론 가상 현실 콘텐츠 제작을 위한 영상 디자인, 사운드 아트, 인터랙션 디자인 등 여러 분야를 아우르며 융합적으로 진행한다. 또한 VR 자체의 제작 기술과 VR 콘텐츠에 대한 사용자 인터랙션과 인터페이스에 대한 논의(User Interaction & Interface), 사용자 경험에 대한 연구 등의 분야를 담당하는 공학 기술 분야도 함께 협력하고 있다. 이 프로젝트는 한국연구재단의 학제간 융합연구 지원을 받아서 지난 2017년 9월부터 시작되었으며, 2020년 8월 지난 3년여간에 걸쳐 기획된 열 개의 도의 제작이 마무리될 예정이다.

이 책은 〈성학십도 VR〉이 예술과 연구 프로젝트이자 동시에 학제간 융합연구로 진행되며, 〈성학십도 VR〉 제작이라는 목표 아래, 그 제작 개발 과정 안에서 당면했던 크고 작은 서로 각기 다른 여러 이슈들을 어떻게 풀어나갔는지 또 그 안에서 어떤 구체적인 융합적인 접근을 꾀하였는지에 대한 이야기를 담아놓은 책이다.

〈성학십도 VR〉 연구는 기본적으로 가상 현실인 VR 제작과 관련되기에 VR 기획 및 콘텐츠 디자인, VR 제작 관련 기술 개발 등이 총체적으로 연결되어 있다. 실제로 〈성학십도 VR〉에서 열 개의 도에 대한 VR 기획과 접근이 서로 다른 만큼, 그래서 그 제작이 360도 실사 촬영편집본, 3D 애니메이션 및 2D 애니메이션, 게임, 스토리텔링 등으로 중층적으로 기획되었다. 그리고 당연히 각기 다른 접근만큼 다양한 논의들이 제작과 개발 과정에서 개입한다.

예를 들면, 〈성학십도 VR〉 콘텐츠 제작에서는 인터랙티브 내러티브 및 인터랙티브 스토리텔링 등 다양한 VR 콘텐츠가 기획되었다. 또 〈성학십도 VR〉이 열 개의 VR로 완성되면 우리는 각 도를 넘나드는 경험을 체험자에게 제공할 계획이다. 〈성학십도 VR〉이 관람자에게 매일매일 반복되어 경험되어도 좋을 만큼 그때그때 상황에 맞게 마음챙김(mindfulness), 즉 퇴계의 핵심 사상이라 할 수 있는 경(敬)에 이르는 법을 소개하고 명상적이고 치유적인 공간으로 활용될 수 있으면 하는 큰 바람으로 디자인된 안이다. 그것이 원래 〈성학십도〉의 설계 취지였다는 것을 상기한다면 500년 전의 배려가 놀랍기만 하다. 그런데 이렇듯 각 도를 넘나들기 위해서는 각 도를 항해하고 검색하는 내비게이션 인터페이스가 함께 디자인되어야 한다. 그렇기에 본 연구의 1, 2차년도에 성학십도 1도 '태극도'와 2도 '서명도'를 개발할 당시 여러 정보 레이어들을 넘나드는 내비게이션 인터페이스가 심도 있게 논의되었다. 또한 각 도 안의 내용이 선형적으로(linear하게) 펼쳐지는 경우도 있지만, 게임 등 인터랙티브한 속성을 가진 콘텐츠로 제작된 경우도 있기에, 이때는 어린아이들이 일상생활 속에서 경을 학습하는 의미와 게임 플레이어의 수행성의 문제가 어떻게 연결되는지 등 게임 디자인과 관련된 논의, 경을 쌓아가는 것이 어떻게 게임 UI를 통해 어떻게 인지될 수 있는지 등의 미세한 논의들이 있었다.

또 다른 예로, 〈성학십도 VR〉 콘텐츠는 내레이션, 환경음, 환경 효과음, 인터랙션 효과음 등 여러 사운드가 비주얼 영상만큼이나 종합적으로 함께 기획, 제작되었다. 관객에게 VR 체험 환경 속에서 보다 몰입적인 경험을 제공하려다 보니 VR 사운드 기술적 면에서도 새로운 접근법을 모색해야 했다. 그리하여 연구팀은 VR 환경 내에서 몰입적이고 서라운드적 사운드(immersive surround sound) 및 배경음악 등을 주변 환경음으로 제시하는 한편, 관객이 착용한 VR HMD(head mount display)의 이어폰 대신, 골전도 이어폰을 통해 두 귀를 열어주는 동시에 인터랙션 효과음이나 VR 콘텐츠 내레이션을 스테레오 사운드로 관객에게 제공하는 등 두 가지 종류의 사운드를 병렬 레이어의 형식으로 처리하는 방안 등을 자체적으로 고안해내기도 하였다. 이러한 VR 사운드 운용 기술은 성학십도 VR이라는 연구하에 진행되었지만, 독립적인 VR 사운드 기술 연구로서도 그 가치와 의미가 큰 연구라 할 수 있다. 이러한 세부 연구는 그 후 분리된 사운드 레이어를 결합하고 제어하는 별도의 사운드 서버를 개발하는 등 기술 특허 출원까지 얻게 됐으며, 그 운용과 연출에 있어서도 독창적인 사운드 제작 방식의 기획 아이디어를 도출해내는 성과로도 이어지고 있다. 이러한 연구들은 〈성학십도 VR〉 연구하에 시작되고 고안되었어도, VR 기술 발전에 자체적으로도 기여하는 연구로서 큰 가치를 갖는다고 자부할 수 있다. 아마 VR 사운드를 제작하고 개발하는 이들에게 도움이 될 만한 내용이라고 생각된다.

이렇듯 위에서 소개한 몇 개의 사례들은 지난 3년간 융합연구를 진행한 결과물들의 세부적인 모습을 보여주기도 하지만, 실제 융합연구의 결과물과 과정이 어떤 소정의 과정을 거치는지, 그리고 각각 어떤 소정의 연구 결과물을 이끌어낼 수 있는지를 보여주는 구체적이고 실제적인 예이기도 하다. 그동안 이 책의 각 장에서 논의된 내용 중 일부는 짧은 논문으로 발표된 바 있기도 하지만, 관련 내용들을 전체적으로 모아 하나의 통합된 관점에서 재정리하여 소개하는 시도는 이루어진 바 없었다. 이는 하나의 큰 규모와 긴 호흡의 프로젝트를 진행하며, 여러 분야의 서로 다른 전문가들이 모여 어떠한 실제적인 이슈들을 직면했으며, 그 해결방법과 아이디어를 도출하기 위하여 어떠한 노력을 기울이고 어떻게 머리를 맞대었는지, 그러한 융합적 연구에서의 갈등과 장점이 무엇이었는지 등의 구체적인 내용을 보여주는 것이기도 하다. 이처럼 이 책의 각 챕터에서는 본 〈성학십도 VR〉 연구가 큰 줄기로 진행되는 사이에 파생되고 독자적으로 발전해온 새로운 크고 작은 씨앗의 세분화된 연구들을 소개하고 있다.

오늘날 우리의 삶은 매우 복잡해지고 있다. 지구온난화 및 미세먼지 등 인류세의 문제, 코로나 감염병 등은 원인을 알 수 없고 풀기도 어려운 난제다. 또 우울증과 공황장애 등 몸과 마음이 함께 치료하고 극복해야 할 통증을 앓고 있다. 복잡해지는 사회 속에서 다양한 이해관계를 가진 사람들이 벌이는 사회적 갈등 즉 세대 및 인종, 남녀노소 사이의 정치 역학적 관계에서 도출되는 사회문제도 끊임없이 노출되고 있다. 이러한 문제들은 하나같이 여러 문제들이 복합적으로 연결되어 있는 모습을 보여주기에, 그 해결방안을 모색하는데 있어서도 단순하고 직관적인 접근이 아니라, 여러 학문 분과들 사이의 심도 있고 융합적인 접근을 요청하고 있다. 이런 상황에서 최근 융합연구의 필요성과 절실함은 매우 빈번하게 논의되고 있다. 그러나 그동안 융합연구란 무엇이며, 어떻게 시도될 수 있는지에 대한 개괄적 논의는 시도된 바 있으나, 융합연구 방법론과 사례들이 그 이상의 구체적인 논의를 통해 자세하게 제시되고 통합적으로 소개한 예는 그리 많지 않았다. 이 책은 그러한 면에서 하나의 융합연구로서 진행된 프로젝트가 실제적으로 연구 과정 안에서 어떠한 문제를 가지고 시작되었으며, 그 해결방안을 어떻게 융합적으로 접근하여 찾고자 하였는가. 그 과정에서 당면한 크고 작은 이슈와 문제를 어떻게 융합적 아이디어와 문제해결적 접근을 통해 돌파해 나갔는지를 구체적으로 보여주는 가이드가 될 수 있을 것이다. 이 책은 앞으로 융합연구를 시도하는 다양한 연구자들에게 융합연구의 과정을 구체적 사례를 통해 들여다보게 하는 기회를 마련해줄 것이며, 각 챕터에서 논의되는 내용들이 실제적으로 VR 콘텐츠 개발자와 제작자들에게도 구체적인 도움을 줄 수 있을 것이라 기대한다.

앞서 말한대로 〈성학십도 VR〉 각 도의 제작은 2020년 여름 일차적으로 마무리될 예정이다. 이 책은 본 연구팀에게도 지난 3년간 매주 진행된, 총 150여 번의 회의를 통해 정신없이 달려오며 제작, 개발해 온 프로젝트를 정리하는 소중한 기회였다. 독자들이 이 책의 각 장에서 논하는 세부 내용들을 실제 구현된 〈성학십도 VR〉과 함께 감상하며 읽을 경우 이해가 더욱 배가될 수 있을 것이라 생각한다.

이 책은 많은 분들의 선의와 도움으로 나올 수 있었다. 은사이신 전헌 선생님과 비록 이번에는 함께 집필하지 못했지만 프로젝트의 공동연구원으로 초반부터 함께 기획안을 잡아주신 김정한 교수님, 장석호 교수님, 박준 교수님, 김성실 교수님의 노고를 잊을 수 없다. 또 연구 초반부에 연구원으로 참여했던 홍대 박준석 포닥 연구원과 연대 정새해, 차보리, 양영주, 김매훼 연구원과 현재 연구원으로 참여하고 있는 변유열, 장유경, 김동환, 김희대, 최보련 등의 학생 연구원들에게도 감사를 표한다. 또 프로젝트를 위해 많은 조언을 아끼지 않으셨던 이광호 교수님, 최봉영 교수님, 표신엽 교수님, 최재목 교수님, 조성환 교수님, 김희영 교수님, 김시천 교수님, Todd Holoubek 교수님, 오영진 교수님, 또 김병일 원장님을 비롯한 도산서원 선생님들, 퇴계학진흥회, 퇴계학연구원, 국제퇴계학회 선생님들, 함께 협력해주시는 룩시드랩스, 어썸피아, XYZ, 숙대인문학연구소 등 일일이 이름을 거론하지 못한 많은 분들께 고마움을 전한다. 또 책을 출판하기로 결정해주신 도서출판 청람의 이수영 대표님께도 이 자리를 빌어 진심으로 감사드린다.

그럼 이제 우리가 시도하고자 한, 만져질 수 있는 철학적 사유의 세계, 탠저블 필로소피의 체험 속으로 여러분을 안내하려 한다.

2020년 초여름
저자들을 대표하여
이현진

차례

Chapter 4

VR로 경敬 쌓기

현승철, 김현수

Chapter 5

VR에서 드로잉 구현하기

정해진

Chapter 6

무한한 공간, 저 너머로

김지연

Chapter 7

성학십도 VR 공간 속 사용자 인터페이스

문준석

Chapter 8

연출가의 변수

박진훈

Chapter 9

인간 중심 디자인에 기반한 가상 현실 제작

김형신

聖學十圖 VR

聖學十圖 VR

탠저블 필로소피: 성학십도 VR

Chapter

01

융합연구로서의 성학십도 VR

이현진

퇴계 성학십도 VR 연구의 시작

"퇴계 성학십도 VR: 동양 철학 개념의 체험적 시공간화 연구(VR for Toegye's Ten Diagrams on Sage Learning: A Project of Creating Experiential Space-Time based on the Concept of Eastern Philosophy)"가 한국연구재단 인문사회 분야 학제간 융합연구 지원을 받아 본격적으로 시작된 것은 지난 2017년 9월이다. 그러나 그보다 먼저 이 연구가 그 싹을 틔울 수 있게 된 것은 미디어아트 분야 연구자이자 작가인 필자와 동서양비교철학 연구자인 이원진 박사와 함께 나눴던 캐주얼한 대화에서부터이다.

이원진 박사는 퇴계학으로 철학박사학위를 받았으며, 특히 퇴계 성학십도의 X자 구도 및 규구방원(規矩方圓) 등의 구조적인 문제를 박사학위 논문에서 다룬 연구자이다. 이 박사는 필자에게 16세에 왕에 즉위한 선조 인금에게 성군(聖君)이 되라고 올린 상소문인 성학십도(聖學十圖)가 가지는 흥미로움과 훌륭함에 대하여 말한 바 있었다. 그가 보기에 퇴계는 한 평생 세상의 근원이자 이치와 현실적 삶, 리(理)와 기(氣) 사이에서 끊임없는 균형을 맞추려고 했다는 점에서 흥미로운 존재였던 듯하다. 그리고 그러한 퇴계의 관점이 시대를 초월하여 오늘날까지도 의미를 진하게 발한다는 점에서 그는 퇴계를 천재로 우러러보고 있었다. 또한 퇴계가 자신보다 26살이나 어린 고봉 기대승과 펼쳤던 8년간의 사단칠정논쟁을 보면 성숙한 어른이자 겸손하면서도 진지한 학자로서 퇴계의 진한 인간미를 느끼게 된다고 하였다. 한편, 시대의 요청이나 굴곡에 굴하지 않았던 퇴계는 진정한 이단아와 같다고 이 박사는 필자에게 퇴계에 대한 그의 사랑을 종종 말하곤 하였다. 이에 반해 성학십도에 대하여 단지 중고 시절 교과서에서 본 내용 정도로만 기억하고 있던 나는 이 박사로부터 퇴계에 대한 이야기를 귀동냥하는 수준에서 들으면서 그에 대해 아주 조금씩 익숙해져가는 형편이었다. 그리고 간간히 TV 프로그램 등에서도 사단칠정논쟁 등에 대한 소개가 우연히 나오면 잘 이해되지 않는 부분을 좀 더 이해하기 위해 관련된 강의들을 인터넷에서 찾아보는 정도로 그 관심이 점차 커지고 있는 정도였다.

그런데 그날 카페에서 이 박사와 나눈 대화는 조금 색달랐다. 그의 관심이 필자의 직접적인 관심과 강렬하게 마주쳐서 그랬을까. 그날의 대화는 아직도 선명히 기억된다. 이 박사는 성학십도가 10개의 병풍으로 주자의 성리학을 정리해 이를 그만의, 혹은 조선만의 독자적인 해석을 더해 발전시킨 열 개의 그림이라는 이야기를 시작하고 있었다. 그리고 이 열 개의 그림이 매우 구조적이며, 인포그래픽적이라는 이야기를 전했다. 미디어아트 연구자이자 시각예술가인 내게 어렵게만 느껴지는 동양 철학 이야기가 시각적이고 인포그래픽적 접근으로 바뀌어 전달되니 좀 더 흥미가 생겼다. 그리고 이러한 나의 흥미는 다음의 대목에서 점차 커져 갔다. 기호학적이고 인포그래픽적인 성학십도의 그림들이 때때로 이 박사에게는 매우 입체적으로도 상상되기도 한다는 것인데, 그 시각적 구조 자체가 성학십도 주제에 대하여 더욱 깊이 이해할 수 있도록 돕고 있다는 것이다. 그의 말에 흥미를 가지기 시작한 내 눈빛이 읽혔던 것인지 이원진 박사는 성학십도의 도상들이 때로는 흐름을 가지고 있기에 만약 동영상처럼 움직여가며 볼 수 있다거나, 도상 자체가 가지는 매우 구조적이고 입체적인 부분을 3D로 만들어 볼 수 있으면 그 내용을 분명 더 풍부하게 이해할 수 있을 거라며, 앞에 놓인 컴퓨터에서 성학십도의 그림들을 찾아 보여주기 시작했다. 아마도 퇴계가 살았을 당시 만약 오늘날과 같은 동영상 미디어기술이 있었다면 분명 성학십도 병풍은 아마 좀 더 몰입적이고 색다른 형식이었을 거라며 말이다.

어려운 한자들과 도상들이 가득했지만, 성학십도 그림들을 자세히 보고 있노라니 그가 지적하는 부분들을 하나하나 머릿속에서 시각적으로 그리고 영상적으로 상상해볼 수 있었다. 이 박사 말대로 그것은 분명 시각적으로 흥미로운 부분이 가득찬 도상들이었다. 필자는 오늘날의 영상기술로 이들을 영상화하고 입체화할 수 있음은 물론이고, 한걸음 더 나아가 보는 사람을 입체화된 콘텐츠를 내부에서 바라볼 수 있게끔도 할 수 있다고 답했다. 오늘날 가상 현실(virtual reality, 이하 VR) 기술을 적용한다면 말이다. 그리고 이를 VR로 만든다면 아마 그 그림들을 바라보는 관람자가 그 그림 내부로 들어가 그 구조를 바라보며 정보의 움직임과 흐름을 보다 거시적으로 볼 수도 있을 것이라고도 말했다. 당시 이 박사는 VR이 뭔지 깊게 이해하지는 못하는 듯한 눈치였으나 필자는 그 순간 또 다른 상상을 하고 있었다. 만약 이러한 VR이 만들어진다면 현재 등장하는 수많은 VR 가운데서도 전혀 색다른 새로운 시도가 될 거라는 상상말이다. 이러한 직감은 동시에 묘한 설레임으로 이어졌다.

오늘날 등장하는 VR작업들은 스카이다이빙을 하거나, 비행기를 조종하게 하거나, 또한 마이클 잭슨이나 김광석과 같은 전설적인 가수가 마치 실재하는 듯 보여주는 식의 작업들이 많다. 여지껏 등장한 대부분의 VR은 주로 재현(representation)과 시뮬레이션(simulation) 위주였기 때문이다. 따라서 대부분의 VR은 게임이나 영화 등 엔터테인먼트 쪽에서 접근되거나 치과치료 훈련, 수술 훈련, 비행기나 자동차 조종 등 시뮬레이션을 통한 교육에서 사용되고 있다. 성학십도 VR 프로젝트가 기존 VR의 수많은 형태인 재현 혹은 시뮬레이션의 방식이 아니라, 철학적이고 개념적이며, 때로는 명상적(meditative)이고, 성찰적인(reflective) 정신적(spiritual) 공간을 만들어 낼 수 있다면, 그리하여 만약 VR 안에 개념적이고 정신적인 모델을 구축하고 그 개념적이고 구조적인 세계를 관객이 탐험하고 체험할 수 있게 할 수만 있다면, 이는 현재 VR의 모습에서 분명 한걸음 더 나아가는, 매체적으로도 새로운 시도가 될 수 있을 것이라 생각했다.

이 날 이 박사와의 대화는 만일 이러한 프로젝트가 현실화된다면 성학십도 VR이 추후 교육적 도구로도 기능할 수 있으며, 동시에 한국 전통 문화의 대중화에도 의미가 있을 것이라 꿈꾸는 단계에까지 이르렀다. 이 날의 이러한 대화와 각자의 상상 뒤에, 우리는 며칠 후 바로 이러한 꿈들과 공상들을 실현시키기로 마음먹었다. 때마침 이러한 성격의 연구를 위해 한국연구재단의 학제간 융합연구에서 씨드 머니(seed money)를 주는 프로그램이 있기에 며칠간 열심히 밤새워 지원서를 작성했다. 모름지기 연구를 하려면 연구비가 필요하기 때문이다. 당시 정말 우리의 가능성을 누군가가 알아봐 주었으면 하는 간절한 마음이 가득했다.

또한 학제간 융합연구를 지원하기 위해서는 연구진도 모아야 했다. 필자와 이 박사, 그리고 이렇게 상상된 계획을 더욱 확장시켜주고 머리를 맞대고 함께 논의할 또 다른 조력자들이 필요했다. 그리하여 필자는 미디어아트 및 시각예술 기반 연구자, 인지과학과 예술 연구자, 성리학 및 동양 철학 연구자, 그리고 인지과학 및 VR 기술공학 연구자, 그리고 빅데이터 연구자 및 감성과학 연구자, 그리고 컴퓨터 공학의 HCI(Human Computer Interface) 전문연구자들을 찾아다녔다. 다행히 필자가 방문하고 연락한 이들은 우리의 계획을 소개하니 흔쾌히 응해주었다. 퇴계 선생님이 도와주시는 것일까? 당시는 신기하게도 모든 일들이 잘 진행되어갔다. 그래서 촉박한 시간에도 연구의 싹을 좀 더 빨리 틔울 수 있었던 것 같다. 그리고 우리는 우리 연구의 가능성과 가치에 대한 확신과 포부를 가지고 있었기에, 심사위원들에게 우리의 진정성을 호소했다. 그리고 2017년 늦여름 1차 서류 심사가 통과되었다는 연락을 받고선, 우리는 2차 발표면접 평가를 위한 만전의 준비에 돌입했다.

당시 부처님 오신날이었던 것 같은데, 휴일임에도 불구하고 새로 구성된 연구진들은 모두 함께 모였고 장장 몇 시간 이어지는 논의를 함께 했다. 특히 성학십도라는 개념이 많은 이들에게 생소할 수 있기에, 그에 대한 소개와 더불어 이를 VR화시키고자 하는 우리 연구의 복잡한 계획을 동영상으로 압축적으로 보여주자는 의견이 모아졌다. 동영상에 대한 제안은 지금 생각해보아도 실로 탁월한 아이디어였는데, 이러한 의견을 주신 장석호 교수님께 아직도 감사함을 느낀다. 그리고 우리의 머릿속 아이디어의 실체를 이박삼일 동안 꼬박 밤을 새며 동영상으로 훌륭히 담아내 준 김지연 · 차보리 학생연구원에게도 감사를 전한다. 우리 연구팀은 연구를 진행하고 있는 현재도 이 동영상을 시도때도 없이 꺼내어 다시고 들여다보곤 한다. 단기간에 제작되었음에도 불구하고 우리 연구의 방향성을 잘 드러내 주었다고 생각되기 때문이다. 어쨌든 여러 많은 노력들에 힘입어 본 연구는 감사하게도 연구재단으로부터 지원을 받기로 결정되었고, 비로소 성학십도 VR 연구의 닻이 올려졌다.

이 글을 쓰는 현재(2020년 3월), 본 연구는 2년간의 연구를 마치고 3년차로 접어들어 한창 연구를 진행 중에 있다. 보다 정확하게는 3차년도 후반기 연구를 시작하고 있다. 현재 성학십도의 1, 2, 3, 8도가 VR로 완성되었고, 이제 남은 모든 도를 동시에 제작해가고 있다. 남은 모든 도의 각각의 기획은 구체적으로 마무리되었고, 내레이션 스크립트도 모두 완성되었다. 이제 이들에 대한 구체적인 유니티 제작, 개발과 내레이션 녹음을 진행만을 남겨둔 상태이다.

융합연구로서의 성학십도 VR

이렇듯 성학십도라는 하나의 주제이자 소재를 중심으로 출발한 우리의 연구는 VR을 통해 한국의 유교와 성리학에 대한 현대적 해석을 시도한다. 고전을 탐독하며 이것이 현대에 가질 수 있는 새로운 의미를 발견하려고 하는 것이다. 또한 고전의 철학적 사유를 새로운 기술의 도움으로 체험적이며 명상적 차원으로 재현하고, 이를 통해 이러한 철학적 사유의 구조 안에 들어가 관념과 사유의 세계를 체험할 수 있게 하고자 한다. 이는 성학십도에 대하여 새롭게 재해석할 수 있게 돕는 길이 될 것이기 때문이다.

그런데 연구가 진행될수록 생각이 수렴되기보다는 서로 분리될 수 없는, 엉켜있는 문제들에 대한 호기심으로 더욱 확장되고 있다. 이들은 크게 두 갈래로 나뉘는데, 첫 번째는 철학적이고 인문학적 방향이며, 두 번째는 또 다른 융합연구들을 생산시켜 가고 있는 방향이다. 가끔 이렇게 뻗어나가는 호기심과 연구거리들을 머릿속에 정리하고 논의하지만, 때로는 이들이 너무나 방대하게 느껴지기도 하여서 이 박사와 나는, 그리고 우리 연구팀은 종종 이 프로젝트는 10년이 필요한 연구, 아니 10년을 넘어 20년짜리 프로젝트라는 농을 주고받곤 한다.

성학십도는 성리학에서 말하는 '성인(聖人)이 되는 법'에 이르기 위한 많은 가르침을 각각의 그림에 담아내고 있다. 성인이 되는 길이란 예수나 부처와 같은 성인이라기보다, 결국 '리(理)'로 이르는 정신적 상태, 균형 갖춘 마음과 명상적 태도에 이르는 길이라 할 수 있다. 이러한 의미에서 성학십도는 특히 오늘날 현대 사회를 살아가는 많은 이들이 다양한 인간 사회에서 얻게 되는 마음의 병리적 상태, 즉 불안과 분노 혹은 허함과 지루함 혹은 시기질투심과 경쟁심 등 수많은 부정적 감정들을 떨쳐내고, 도와 덕, 예와 믿음의 긍정적 감정 사이의 근원을 찾아 마음의 평정을 이루게끔 이끈다. 또한 성학십도는 개개의 인간이 하늘의 기운을 받아 탄생한 소중한 생명을 가진 존재이며, 스스로의 가치와 능력에 대해 이해하고, 이를 통해 나와 모든 피조물들을 존중하고 사랑하는 법을 일깨울 수 있도록 유도한다. 이는 나와 너(타자)의 차이와 다름, 그리고 각각의 존재 이유를 긍정하고 존중하기 때문이다. 성인이 되기 위한 공부법은 그 성격상 명상적이고 사색적이며, 타인과 다른 대상에 겸손한 마음을 이끈다는 측면에서 오늘날 객체지향존재론, 비유물론 등의 인문학적 방향과도 흥미롭게 연결된다.

더욱이 오늘날 글로벌 환경변화와 각종 분야의 지식의 습득과 정리가 가속화되고, 미디어 변화에 따른 사회적·지식적·전문적·협업적 커뮤니케이션 등 각종 형태의 업무 및 소통이 과부화되고 있다. 이러한 과부화된 상황은 자신조차 잘 돌보지 못하고 피폐해지며, 번아웃되고 마는 상황으로 연결되며, 또한 주변을 돌보지 못하는 문제로 이어지고 있다. 이 때문에 여러 개인적 문제들뿐만 아니라 여러 사회·경제적 문제들이 대두되고 있다. 이러한 상황에서 성학십도가 삶 속에서 인간 본성을 유지하고, 세상 만물이 서로 평등하게 공존하는 세계로 향하는 경(敬)의 관점을 확장하는 연구인만큼, 지금 우리 사회가 당면한 여러 문제들을 해결하기 위하여, 그리고 사회를 더욱 건강하고 건전하며, 지속 가능한 사회로 만들기 위해 기여하는 연구로서 관심과 함께 연결된다.

이런 측면에서 그동안 성학십도 들여다보기를 거듭하는 과정은 우주론에서 비롯된 존재론, 인식론, 윤리학, 또는 수양론으로서의 실천론 등의 수많은 철학적 갈래들을 그 안에서 발견하고 이들이 여러 다른 사유로 이어지는 결과를 가져왔다. 성학십도를 배워가고 그 심오한 의미를 알게 될수록, 때로는 그 우주론의 의미에 매력되어 물리학이나 천문우주학 강의를 찾아다니거나 관련 책을 사서 읽게 되고, 또한 그 고전적 사유와 정신세계 속에서 오늘날 우리 시대인 21세기 사상의 단초들을 발견하곤 한다. 앞서도 말했지만 성학십도 안에서 오늘날 많은 이들이 관심을 갖는 생태 철학, 주관과 객관을 넘어선 객체지향존재론의 단초들, 신유물론 내지는 비유물론의 모습, 인류세(人類世, anthropocene) 및 부분적 연결들에 대한 선견지명을 조금씩 발견하게 되는 것이다. 동시에 이러한 발견은 조금씩 우리나라 성리학적 논의의 깊음과 앞섬을 깨닫게 되는 과정이기도 하였다. 그리고 이러한 과정은 우리의 철학과 서양철학과의 차이를 발견케 하며, 다시금 우리 연구 속에 우리 철학의 가치와 소중함을 더욱 더 온전히 정리하고 담아내고픈 간절한 마음으로 이어지고 있다. 이는 본 연구가 철학적 의미를 가진 연구이며 그 안에 우주론, 존재론, 윤리학의 논의를 담고 있기 때문에 더욱 그렇기도 할 것이나, 오늘날의 시기가 이러한 철학적 문제를 깊게 고민하도록 요청하기 때문인 것 같기도 하다. 연구가 몇 년간 장기적으로 진행되는 것도 전 세계적인 담론의 동향과 흐름에 영향을 받을 수 있고, 자연스럽게 동서양 비교를 시도하게 만들기도 하는 것 같다. 이런 관점에서 어찌 보면 성학십도 VR 연구는 보편적인 인간 정신이 특수적・역사적 현실 속에 펼쳐 있는 가운데 한 시대에 지배적인 지적・정치적・사회적 동향을 나타내는 정신적 경향이자 한 시대의 정신문화를 나타내는, 시대정신(Zeitgeist)을 따르는 연구라 볼 수도 있겠다.

두 번째, 성학십도 VR 연구는 철학과 VR이라는 새로운 매체기술의 만남이라는 측면에서 그 자체가 이미 수많은 융합연구적 방향에서의 생각하고 고민해볼 거리들을 생산해내고 있다. 사실 성학십도 VR 연구는 기본적으로 VR 제작과 관련되기에 VR 기획・제작뿐 아니라 지금 이 순간에도 개발되고 출시되는 기술 등이 총체적으로 연결된다. 현재 성학십도 VR은 VR 하드웨어 플랫폼 중에서도 HTC VIVE 형식을 기반으로 기획되고 있으며, 그 구현에 있어 소프트웨어적으로는 Unity 3D를 사용하고 있다. VR 콘텐츠 제작에서는 인터랙티브 내러티브 및 인터랙티브 스토리텔링 등이 논의되면서 다양한 VR 콘텐츠 기획이 나오고 있다. 또한 성학십도 VR에서 열 개의 그림, 즉 십도가 모두 최종적으로 완성되면 우리는 체험자에게 각 도를 넘나드는 경험을 제공하고자 한다. 이는 성학십도 VR이 학습자에게 매일매일 반복되어 경험되어도 좋을 만큼 그때그때 상황에 맞게 마음챙김(mindfulness), 즉 경(敬)에 이르는 법을 소개하고 명상적이고 치유적인 공간으로 활용될 수 있으면 하는 큰 바람으로 디자인된 안이다. 한편, 성학십도의 열 개 도를 넘나들기 위해서는 이들을 가로지르며 항해할 수 있는 내비게이션 인터페이스가 함께 디자인되어야 한다. 연구 1, 2차년에 제작된 1도와 2도에서는 이러한 내비게이션 인터페이스가 심도있게 논의 개발되었다. 또한 인터랙티브한 속성이 그 기획에서 강하게 기획된 도의 경우 유저 인터랙션 방법론 연구도 더불어 논의될 수밖에 없다. 이러한 연구들은 시각, 청각 그리고 인터랙션 등을 담아내기 위한 공학, 심리학, 영상학, HCI 등 여러 분야의 논의들을 바탕으로 하게 된다. 이 책은 특히 이러한 다학제적 논의들을 담아내고자 하는데, 이는 본 연구가 융합연구이기에 가능한 논의이자 그 소정의 결과물일 것이다. 따라서 이 책의 각 장에서는 성학십도 VR 연구가 진행되며 파생되는 새로운 크고 작은 씨앗과 같은 소규모 융합연구 주제와 내용들을 소개하고 담아내고자 한다.

책의 구성

각 장의 세부 내용을 소개하면 다음과 같다.

2장에서는 먼저 성학십도 VR 연구에 대한 소개에 앞서 성학십도가 무엇인지 보다 자세히 소개하고자 한다. 이는 우리 연구에서 보다 중점적으로 담고자 한 전체적인 철학적이고 개념적인 방향을 소개해주는 장이 될 것이다. 또한 3장부터 이어질 다양한 융합연구로서의 VR 콘텐츠 기획과 제작에 있어 그 기본이 되는 내용이 될 것이다.

3장에서는 이러한 성학십도 VR 연구에서 진행되는 사운드 연구와 더불어 개발되고 있는 VR 사운드 기술에 대하여 소개한다. 현재 성학십도 VR 콘텐츠에서는 내레이션, 환경음, 환경 효과음, 인터랙션 효과음 등 여러 사운드가 영상적 표현과 함께 종합적으로 기획 · 제작되고 있다. 그런데 사운드 기획과 연출 과정에서 생겨

나서 함께 진행되고 있는 번외의 VR 사운드 디자인과 출력 및 통합운영 기술에 대한 연구도 있다. 이는 VR 사운드를 기술적으로 새로이 접근하고 모색하는 연구이다. 이러한 VR 사운드 연구의 경우 특허 출원이 이루어져 있는데, 이들은 굳이 성학십도 VR이 아니라도 VR 기술 자체적으로도 기여하는 연구로서 가치를 갖는다고 생각된다.

한편, 4장에서는 성학십도 VR에서 제3도 소학도(小學圖)에서 인의예지신(仁義禮智信)이 소개가 어떻게 이루어졌는지 소개한다. 성학십도 소학도에서는 어릴 적 경(敬, mindfulness)에 대해 익히고 학습하는 방법에 대하여 논한다. 성학십도 VR에서 우리는 특히 일상 현실에서의 구체적인 에피소드들을 통해 이러한 철학적이고 교육적인 접근을 모색하고 오늘날 현실에 맞도록 재해석하고자 하는데, 이는 특히 소학도의 인(仁) 부분을 게임으로 만들게 된 계기가 되었다. 또한 VR 감상자가 어린아이의 시선에서 소학도가 제안하는 생활습관을 체득하는 경험을 하도록 제안되는데, 4장에서는 이러한 인(仁) 게임 제작 동기에 대하여 소개하며 어떻게 철학적 메시지가 게임 구성과 플레이 방식으로 녹아들도록 기획되었는지 논한다. 또한 인 게임 제작 배경 가운데 오늘날 게임이 철학적이며 정치적이고 사회적인 발언을 위한 미디어로서 어떻게 역할하는지 함께 논할 것이다. 이는 게임과 철학의 접합 가능성에 대해서도 생각해보는 기회가 될 것이다. 단지 게임이어서가 아니라 VR 내의 게임으로서 갖는 수행적 행위가 또 다시 성학십도의 콘텐츠와 메시지랑 어떻게 연결되는지도 되짚을 수 있는 논의가 될 것이기 때문이다.

5장에서는 성학십도 VR에서 기획된 아이디어가 애니메이션 영상으로 제작되는 데 있어 제작의 효율성과 감각적 접근을 위하여 기본적으로 체험되는 VR의 3D 공간과 핸드 드로잉으로 제작되어 준비되는 2D 애니메이션이 어떻게 조합되고 구성되는지 논한다. 특히 성학십도 VR 제3도에서 의예지신 개념 부분은 애니메이션으로 제작되었는데, 이들에서 3D 공간 내 VR 체험자를 3인칭 관찰자 시점을 가진 관객으로 상정하고 그들이 다른 이들의 모습을 통해 의, 예, 지, 신에 대한 스스로의 입장을 세우고 판단을 할 수 있는 기회를 제공하고 있다. 이때 각각의 에피소드들이 펼쳐지는 구현이 구체적으로 어떻게 접근되었는지 소개하며, 2D 드로잉 제작 방식이 3D 공간과 어떻게 관계할 수 있는지도 함께 논한다. 이는 본 연구팀이 실제 애니메이션을 제작하며 거친 시행착오와 테스트들을 구체적으로 소개하며 다양한 방식으로 접근하고 고민한 부분에 대하여 소개하는 장이 될 것이다.

6장에서는 VR에서 확장된 스크린에 따른 시점의 변화가 어떻게 접근되는지 구체적으로 논의하는 장이다. 특히 2D 공간 안에서 시공간적 변화를 구현하는 모션그래픽과 VR의 상황을 비교하며, 카메라 시점과 확장된 스크린에서 관객의 제한된 시점과 시선을 어떻게 확장적으로 이동시키며 그들이 확보한 자율성과 더불어 콘텐츠에서 제공하는 핵심적이고 중요한 내용을 함께 조율시킬지에 대하여 논의한다. 또한 이러한 제작 과정 내에서 그래픽을 제작하는 연구자들과 프로그래머 사이의 커뮤니케이션이 다소 어려웠던 경험도 논하며 VR 시점 제작은 어떻게 테스트되고 구현되었는지 2도 서명도의 바둑판 혹은 8도 심학도의 입체 구조를 통해 소개한다.

7장에서는 성학십도 VR에서 논의되고 접근된 VR 내비게이션을 위한 인터페이스(navigation interface)에 대하여 논한다. 이는 VR 내에서의 특히 HMD(Head Mount Display) 안에서의 UI(User Interface)가 어떻게 구현되고 접근되었는지 논한다. VR 디자인은 아직 매우 초기 단계라고 볼 수 있기 때문에, 기존 매체에 비해 다양한 UI가 개발되지 않았다. VR 스크린은 기존 사각형의 2D 평면 스크린인 영화나 컴퓨터 화면과 다르게 360도 오픈된 3D 공간이기에 2D와 3D 간의 관계가 다양하게 접근될 수 있다. 특히 이 장에서 논의하는 것은 본 성학십도 VR 기획이 모두 다 제작완성되었을 때를 상상하고 시도한 열 개의 그림들, 즉 십도 사이를 자유롭게 옮겨다니며 선택할 수 있게 하는 매크로 내비게이션(macro navigation)과 각 도 내부의 다양한 도상들 사이의 유의미한 관계들을 자유롭게 오가며 탐색할 수 있는 마이크로 내비게이션(micro navigation)을 어떻게 디자인했는지, 그 UI 형식과 이를 위한 컨트롤러 사용법에 대하여 논한다. 이는 아직 열 개의 도가 개발되고 있는 현 상황에서 보다 기획단계의 시도라고 볼 수 있지만, 내비게이션 인터페이스 연구에 대한 본 연구팀의 접근과 고민들이 어떻게 이어지고 있는지 소개하고 있다.

우리 성학십도 VR에서는 2D 애니메이션이나 2D 동영상, 3D 오브젝트나 캐릭터 등을 통한 모델링과 3D 애니메이션, 3D 게임 등 다양한 이미지 및 영상이 제작되고 활용되지만 때때로 실제 공간을 촬영하여 만든 360도 실사영상이 사용되기도 한다. 즉 영화적 VR과 게임적이고, 애니메이션적인 VR을 혼용하여 우리가 전달하고자 하는 성학십도의 내용을 담아내고 있다. 8장에서는 이러한 실사 촬영영상을 제작하고 연출할 때 고려해야 할 사항을 VR 카메라 촬영을 중심으로 논하는 장이다. 이 장에서는 VR이 기본적으로 상정한 360도 공간에 대한 사용자 체험자의 접근과 이를 위한 연출적 기획에서 유의할 사항들, 그리고 제작과정 중 늘 당면하기 마련인 사소한 문제부터의 각기 다른 문제들에 대한 고려와 결정을 어떻게 해나가야 하는지 논하고 있다.

마지막으로 9장에서는 인간 중심 디자인에 기반한 가상 현실 제작이라는 주제로 성학십도 VR 작업 안에서 각종 UI(user interface)와 UX(user experience)가 어떻게 접근되는지, 또한 더욱 중요하게는 제작된 성학십도 VR 콘텐츠가 사용자들에게 어떻게 전달되고 체험되는지 연구한 내용을 담고 있다. 이러한 HCI적 연구는 앞으로 남은 도들을 제작해가고 그 내용이 어떻게 VR 감상자들, VR 사용자들에게 전달되는지 전체의 사용성과 이해 정도를 파악하고 우리의 기획과 제작에 다시 반영하기 위해 더욱 중요한 연구가 될 것이다.

소개된 각각의 장들은 서로 다른 영역의 전공 지식과 경험을 가진 연구원들이 모여 성학십도라는 고전과 철학적 텍스트를 VR의 구체적 시공간에 재해석하는 콘텐츠를 기획・제작해가면서 그때그때 당면했던 문제들을 어떻게 지혜롭게 풀 것인지 함께 머리를 맞대고 고민해 온 내용들이다. 이 책에 구성된 장들에서는 서로 연결되어 있는 동시에 각각 개별적 논의들로 구성될만한 연구주제들이 작업을 해나갔던 연구원들의 관점과 시선에서 어떻게 고민되고 접근했는지 자세히 들여다볼 수 있게 안내한다. 이들 중에는 성학십도 VR을 제작해 나가는 큰 줄기 안에서 때때로 따로 떼어내어 개별적 연구로써 발전시킬만큼 학문적으로 의미있고 흥미로운 내용들도 있다. 이들은 융합연구에 관심있는 독자들과 문화적 VR 콘텐츠 제작에 관심을 가진 독자들에게도 유용하게 참고될 수도 있을 것이다.

매주 화요일 정기 연구회의

본 연구가 그동안 이렇게 생산적으로 진행될 수 있는 것은 연구팀이 한마음이 되어 연구에 매진해 온 덕분이다. 앞서 말한 것과 같이 현재는 성학십도 VR의 각 도를 기획하고 제작하는 단계이기에, 우리 연구팀은 지난 2년 여간 정기적으로 만나 수많은 시간을 쏟아부으며 연구에 임해 왔다. 가장 대표적으로 우리 연구팀은 매주 화요일마다 전체 연구원 정기회의를 진행해오고 있다. 이는 학기 중과 방학 중에도 큰 구별 없이 지속된다. 매주 진행되는 회의에는 연구책임자인 필자와 이원진 박

▌성학십도 VR 연구팀 전체 정기회의 모습 @ 연세대 성암관 갤러리

▌성학십도 VR 연구팀 전체 정기회의 모습 @ 연세대 성암관 갤러리

사, 김형신 박사, 영상대 박진훈 교수가 함께 참여하고 있으며, 간간히 서울여대 김정한 교수도 참여하였다. 또한 연세대 커뮤니케이션대학원 미디어아트 전공에 소속된 전체 학생연구원들이 항상 함께하고 있다.

연구회의가 매주 원활하게 진행될 수 있었던 요인 가운데 하나는 맛있는 음식과 간식이지 않을까 싶다. 금강산도 식후경이고 다 먹자고 하는 짓인데, 화요일 점심 회의는 늘 언제나 맛있는 식사와 따뜻한 커피 등의 음료가 함께 할 수 있도록 준비한다. 누구나 끼때 식사는 하여야 하기에 점심 시간을 포함한 식사회의는 여러 모로 시간을 절약하는 하나의 방법이 된다. 이제 이 회의 포맷에 익숙해진 학생연구원들은 식사 메뉴 선정과 커피 등 음료 주문까지도 매주 한명씩 돌아가며 맡는다. 이번 주 담당자는 과연 어떤 메뉴를 추천할지 매주 주말 정도가 되면 카톡방에서 설레는 대화를 나누는 것도 이제 익숙한 풍경이 되었다.

필자는 연구책임자로서 연구원들에게 카페인과 달달한 간식거리를 제공하는 역할이 매우 중요하다고 믿고 있다. 반복하지만 현재 우리는 성학십도의 열개 도에 해당하는 명목상 열 개의 단편 VR을 만들고 있는 것이다. 각각의 VR도 제1도 태극도의 경우 5권으로 이루어져 각각 5개의 구별된 기획이 한 개의 VR을 구성하고 있다. 제3도 소학도의 경우 인, 의, 예, 지, 신 각각이 나름의 에피소드를 구성하므로 이 역시 한 개의 도지만 5개의 단편 VR을 엮어 한 개의 VR을 제작하는 꼴이다. 이많은 작업을 진행하면서 매순간 다양한 아이디어를 떠올려 논의하고, 제작되는 각 씬마다 중요한 선택과 결정을 해야 하는 순간이 반복된다. 이러한 과정은 정말이지 절대적으로 기나긴 기획 회의와 제작 회의를 거칠 수밖에 없는 과정이다. 특히 제작 과정에서는 반복적으로 유니티 등에서 디자인되고 구현된 결과를 보고, 수정하고 또 그 수정 결과를 확인하는, 마치 게임 디자인에서와 같은 반복적 디자인(iterative design) 과정을 수행할 수밖에 없다. 비록 식사와 병행되는 회의라 하더라도 기획 회의나 제작 회의는 한번 시작되면 최소 3시간에서 4시간 가까이 진행되는 경우가 대부분이다. 따라서 이 긴 시간 동안 적절한 주기마다 당분과 카페인은 잘 그리고 넉넉히 공급되어야 한다. 학생연구원보다 가장 연장자인 내게 더욱 그러하지만, 학생들에게도 새롭고 신선한 아이디어 출력을 넛지(nudge)시키기 위해서는 이는 필수불가결한 부분이기도 하다. 가끔 연구원들끼리 연구팀에 들어온 후 살쪘다는 이야기 나누는 것을 듣곤 하는데, 작업하느라 앉아 있는 시간이 늘고 달달한 간식도 함께 늘어나기 때문인 듯하여 왜 안 그럴까 싶다. 그런 이야기를 듣고 있

▌성학십도 VR 연구팀 전체 정기 회의 모습 @ 연세대 ICONS room

▌성학십도 VR 연구팀이 함께 관람한 VR-I 작품 @ 송은미술관

노라면 일종의 죄책감과 미안함, 그리고 동시에 자식 입에 먹을 것 들어갈 때 느껴지는 부모 맘과 같은 뿌듯함을 느끼곤 한다.

그런데 그래도 늘 이들에게 미안하고 고마운 마음이 크던 차에, 어디선가 미디어아티스트 백남준이 융합 프로젝트를 하면서 그의 영상과 작업에 기술을 도와줄 테크니션이나 동료 예술가들과 공동작업을 하는 이야기를 읽은 적이 있다. 백남준은 융합예술 작업을 진행할 때 무엇보다 함께 작업하고 도와줄 동료들을 잘 골랐는데, 이들을 적시적소에 잘 역할하도록 이끌었다는 대목이었다. 그런데 백남준이 바로 대꾸하길 그가 그들에게 해준 것은 단지 새벽 2시에 에스프레소와 티라미슈를 제공하는 것이었다고 껄껄 웃는 것이다. 이 대목을 읽고서 나는 '내가 그리 방향성을 잘못 잡고 있지 않구나' 하고 무릎을 쳤더랬다. 여러 분야의 전문가들이 함께 할 수밖에 없는 융합 작업과 연구에서 카페인과 달달한 간식거리가 (몇몇에게는 니코틴도) 중요한 것은 동서양이 따로 없는 것 같다. 백남준 선생님의 이야기를 읽은 후 나는 더욱 간식을 잘 챙기기 위해 노력하고자 한다.

다양한 미디어아트 전시와 작품 감상 경험의 공유

기획 회의에서는 늘 다양한 VR 콘텐츠에 대한 감상 경험과 지식이 도움이 된다. 이는 비단 VR 콘텐츠에 대한 감상경험뿐만이 아니다. 영화, 드라마, 회화, 동화책, 게임, 만화, 애니메이션, 뮤직비디오 등 수많은 콘텐츠에 대한 경험도 우리가 상상한 바를 현실화시키는 기획 아이디어를 내는데 도움이 된다. 이러한 경험들이 새로운 아이디어를 짜내는데 소중한 자양분이 되는 것을 알기에, 연구가 진행되는 지난 기간 동안 우리는 좋은 기회가 있을 때마다 함께 그 작업들을 확인하고 경험이 주는 의미와 감각을 서로 확인하고 나누는 데 주력하고 있다.

연구 초반 필자와 이원진 박사는 김진아 영화감독의 VR 영화 감상 및 아티스트 토크에 참가하였다. 또한 그 후 송은미술관에서 전시된 〈VR-I〉 감상에는 전체 연구원이 함께 했다(2019년 5월). 2019년 6월 광주 아시아문화전당에서 진행된 ISEA 2019 심포지엄(2019 International Symposium of Electronic Art)에서도 연구팀의 작업을 발표하며, 또한 함께 전시된 다른 미디어아트 작업 및 다양한 VR 작업들을 보기 위해 함께 하였다. 그리고 지난 2019년 12월에는 동대문 DDP에서의 레

■ 송은미술관 앞에서 관람을 마치고 함께 찍은 사진 (2019. 5)

■ 성학십도 VR 연구팀이 함께 관람한 동대문 DDP에서의 Refik Anadol 전시 (2019. 12)

픽 아나돌(Refik Anadol) 작가의 미디어 영상을 감상할 때도 연구원들이 함께 모였다. 이처럼 기회가 있을 때마다 되도록 함께 모여 작품을 감상하고 그 경험을 나누며, 이를 또한 우리의 작업에 반영적으로(reflectively) 연결시켜보고자 하고 있다.

유기체적으로 변화하는 연구팀

본 연구는 기본적으로 대학에서 이루어지는 연구이기에 연구팀 구성이 일반 기업체나 연구소 등 전문 연구기관의 연구팀과는 차이를 가질 수밖에 없다. 필자가 운영하는 연구팀은 연세대학교 커뮤니케이션대학원 내의 미디어아트 전공을 중심으로 한다. 또한 본 연구가 시작되며 교내 개설될 수 있었던 연세대 미래융합연구원 산하의 X-미디어 센터(X-Media Center)가 현재 그 본체를 이룬다. 이원진, 김정한, 김형신, 박진훈 교수 등은 각자의 소속이 따로 있는 동시에 위의 센터와 직간접적으로 연계되어 있다. 학생연구원들은 모두 대학원 과정에 있는 석박사생이다. 연구원이기에 앞서 실제 재학 중이거나 졸업을 앞두고 있는 학생들이기에 어쩔 수 없이 정규 수업이 있는 학기 중이나, 학위 논문 쓰는 시기를 맞이하면 연구팀 작업보다는 각자의 공부에 보다 많은 시간을 쏟아야 한나. 그리고 이러한 학생연구원들의 졸업 여부에 따라 연구팀 연구원 구성의 변화가 잦을 수밖에 없다. 특히 본 연구가 2차년도를 마치고 3차년도에 접어들며 연구팀 구성에 큰 변화가 찾아왔는데, 그동안 홍익대 박준 교수님의 연구팀에서 담당해오던 VR 프로그래밍과 기술 개발 연구가 연세대 팀으로 넘어오게 된 것이 가장 큰 변화다. 사실 한동안 연구실이 공간적으로 분리되어 그때그때의 긴밀하고 시의적절한 커뮤니케이션을 이어가는데 적잖은 제약이 있었다. 이는 VR 제작 속도면에서도 어려움을 주었다. 다행히 이러한 어려움에 직면할 때쯤 연세대팀 내에도 VR 프로그래밍을 담당할 능력있는 재원들이 새로 합류하게 되면서 좀 더 자체 제작이 가능해지기도 하였다. 이 자리를 빌어 지난 2년 동안 VR 기술연구와 개발에 참여해준 박준석 포닥 박사님과 간간히 참여하며 본 프로젝트를 도왔던 홍익대 학부생들에게도 깊은 감사를 드린다.

그리고 이 지면을 통해 현재 성학십도 열 개 도에 대한 하나하나의 VR 기획과 제작을 정말 열심히 그리고 묵묵히 진행하고 있는 우리 X-미디어 센터 학생연구원 한 명 한 명에게도 특별한 감사 인사를 전한다. 필자는 이들을 '어벤저스팀'이라고 부르곤 하는데, 이것이 마블(Marvel)社 저작권에 걸릴 수 있다고 하여 대외적으로는 '어드벤처러스팀(adventurous team)'이라 소개한다. 이들의 프로젝트에 대한 열정과 능력, 감탄할만한 성실한 자세, 재기발랄한 상상력이 없었다면 이 프로젝트는 지금까지의 모습을 이끌어내지 못했을 것이다. 그들의 열의와 성실함에 다시 한 번 감사의 말씀을 드린다.

연구 과정의 기록과 홍보

우리 연구팀은 그동안 우리가 노력한 많은 과정과 소정의 결과들이 외부에 많이 노출될 수 있도록 연구를 기록하고 홍보하는 일도 게을리 하지 않고 있다. 소셜 미디어 시대에 걸맞게 이러한 기록과 홍보도 다양한 경로를 통해 시도되는데, 특히 소셜 미디어 활용과 커뮤니케이션에 센스 있는 양영주와 김현수 연구원이 유튜브(YouTube)와 인스타그램(Instagram)을 맡아서 해주고 있다. 또한 이전부터 웹개발자로 활동 중이던 문준석 연구원이 성학십도 홈페이지를 개발하고 디자인하는 등 다재다능한 연구원들의 능력이 이러한 분야에서도 십분 발휘되고 있다. 다음은 이러한 노력의 일환으로 우리 연구팀이 운영하고 있는 각종 미디어 플랫폼상의 페이지이다. 본 연구팀의 지금까지의 그리고 앞으로의 연구 과정과 업데이트된 소식이 궁금한 독자분이 계시다면 언제든지 방문하여 주길 기대하며 이 글을 마친다.

聖學十圖 VR

'성학십도 VR' 홈페이지
(http://visionguider.com)

'성학십도 VR' 유튜브 채널
(https://youtu.be/n46pKrEOXQM)

'성학십도 VR' 페이스북
(https://www.facebook.com/성학십도-VR-332439800999256/)

'성학십도 VR' 인스타그램
(https://www.instagram.com/sunghak10/)

聖學十圖 VR

탠저블 필로소피: 성학십도 VR

Chapter

02

성학십도 VR의 철학 디자인

이원진

한국의 동양 고전을 재매개하기: 병풍에서 VR로

고대 그리스 극이 자주 사용하던 연출 기법인 '데우스 엑스 마키나(Deus Ex Machina)'는 신의 기계적 출현을 의미한다. 극작술이 발달하지 못했던 그 당시 연극에서 난국을 극적으로 타개하기 위한 장치로 극의 정점에 등장했다. 미국의 공상과학(SF) 영화 '스타트렉'에 등장하는 순간이동장치로 알려져 있는 전송장치(transporter)는 원작에는 없던 설정이다. 우주인이 위험에 처할 때 가슴 버튼에 손을 대며 엔터프라이즈 호에 순간이동 구조 요청을 하면 원격이동을 할 수 있다. 이 환상적인 아이디어 역시 아이러니하게도 제작진이 느낀 기술적 한계 때문에 생겨났다. 1966년 당시 매번 우주선이 행성에 착륙하는 장면을 세트 전환하며 찍을 실력이 되지 않았기 때문이다. 그래서 우주선과 행성표면을 세트 전환 없이 오가는 트랜스포터를 등장시켰다. 또 장치 안에 들어가면 현실과 똑같은 가상의 공간이 펼쳐지는 '홀로덱'도 만들었다.

1568년 퇴계가 선조에게 바친 상소문, 〈성학십도〉도 마찬가지다. 성학십도는 당시의 기술 매체로서는 가장 혁신적인 '병풍'으로 만들어졌다. 병풍은 3차원의 공간을 점유하고 분할하는 세울 수 있는 그림이었다. 왕은 병풍에 의해 이 공간의 주인이 되며 병풍에 매혹될 때 이를 '돌아'보며 즐길 수 있다. 이 몸짓은 병풍과 관람자 사이의 새로운 관계를 창출한다. 이 공간의 주인이기도 한 왕은 때로는 병풍의 관람자가 되기도 하고, 이 순간 병풍은 독립적 객체가 된다. 2차원적 텍스트에 비해 3차원적 병풍은 그야말로 신세계적인 '미디어'였다. 〈그림 속의 그림〉의 저자 우훙의 말대로 "옛 고대 동양문화에서 공간개념와 결합한 것 중에 병풍처럼 중요하면서도 실제적이고 상징적인 것은 찾아보기 힘들" 정도다. 퇴계가 구현한 성학십도 병풍은 당시의 미디어 기술로는 최신이었지만 역설적으로 시공간을 자유롭게 여행할 수 없는 기술적 한계 때문에 차용된 형식이지 않았을까. 우리의 의문은 여기서부터 출발한다.

사실 당시 병풍, 그리고 병풍 안 도상들을 통해 퇴계가 구현하려 했던 것은 철학적 시공간이었다. 특히 자신 존재의 기원을 확인하기 위해 탄생부터 만물의 생성까지 우주의 시공간을 자유롭게 유영하게 했고, 그 결과 자기 성찰이라는 사적, 그리고 공적 공간을 큰 사회적 역할을 지녔던 왕에게 선사한 것이었다. 이는 필자가 성학십도로 박사학위를 쓰며 수없이 성학십도를 들여다보고 분석한 결과다. 21세기 이미 기계 없는 삶을 상상할 수 없는 사이보그가 된 우리에게 남겨진 이 유산을 단지 텍스트로 읽고 해석하는 것만으로는 어딘가 아쉽다. 그래서 퇴계가 남겼던 〈성학십도〉라는 상징적 매체(병풍)를 재매개하는 것, 즉 고전의 재매개(remediation)를 상상하는 데 이르렀다. 그리고 그 재매개는 시공간을 자유롭게 이동하는 VR 매체를 통하는 것이 가장 적합했다.

우리는 앞서 살았던 선조들이 기술적 한계 때문에 차마 구현할 수는 없었지만, 몇 세기 전부터 상상해온 획기적 미래를 들여다볼 필요가 있다. 그 미래를 우리의 삶의 현장에서 적합한 매체로 재매개하는 일은 그래서 중요하다. 고대로부터 1000여 년이 넘도록 우리 선조의 시공간은 하늘과 우주와는 떨어지지 않았다. 그 안에서 존재의 생명성, 그리고 그 존재 간의 연결성을 적극적으로 전유해왔다. 우리는 그 아이디어에 큰 빚을 지고 있다. 그 1000년은 유구했으나 지난 100년 그러니까 20세기에 서양의 기술적 시공간이 동양의 우주적 시공간을 압도한 시대의 인상이 너무 강하다. 19세기 말 동양의 해안에서 일방적으로 포문을 열고 밀어닥친 서양의 과학기술적 사유는 우리에겐 큰 충격이었다. 그래서 지난 100년의 기억이 1000년의 기억을 덮은 채 흐릿하게 해왔다.

서양의 분석적·과학기술적 사유는 하지만 존재를 전체 안에서 사유하려는 동양의 우주론적 사유 중 일부를 거대하게 괄호 쳐 놓고 떼어낸 채 사고한 결과였다. 효율성을 강조하는 20세기 서양의 사유에서 무거운 우주론, 하늘, 영성은 거추장스럽고 알 수 없고 논할 수 없는 실재로 배제됐다. 거꾸로 동양 그 중에서도 한국은 20세기 서구문명의 식민지 속에서 살면서도 전체로서의 우주와 세계라는 관념을 결코 포기하지 않았다. 이제 자본주의 문명의 극단에서 드러나는 각종 폐해로 괴로워 하는 서구는 전체를 사유하는 동양의 시공간에 관심을 기울이고 있다. 우리의 프로젝트는 이렇게 선인의 아이디어를 재해석해서 온고이지신(溫故而知新)하고자 시작됐다. 그러나 각오는 하고 있었지만 한국이 사유해온 우주적 시공간을 일반에게 가장 현대적인 미디어로 표현해내는 것이 결코 수월하거나 만만한 작업은 아니었다.

왜 VR인가? 〈성학십도〉 도상의 강렬한 중층성

사실 이 프로젝트를 시작할 때 왜 성학십도였냐를 묻는 질문을 자주 받았다. 예를 들어 성경도 불경도 코란도 있다. 그런 유서 깊은 경전뿐 아니라 더 많이 회자되고 낭송되는 철학서도 많은데 왜 굳이 성학십도를 택해야 했느냐가 주변 사람들의 의문이었던 것이다. 그럼에도 내가 성학십도를 택한 데는 중요한 이유가 있다. 그 중 내가 한국인이고, 성학십도가 가장 한국적인 것이라는 항목은 우선 순위에 들어있지 않다. 오히려 전 세계를 통틀어도 성학십도의 도상만큼 강렬한 철학 상징체를 마주하기는 매우 어렵기 때문이다. 하나만 해도 강렬할 텐데 전체 10개 도에 걸쳐 꾸준히 그리고 매우 전위적인 방식으로 등장하는 퇴계의 4중 도식, 또는 'X자 구도' 때문이다. 성학십도엔 분명히 그 'X자 구도' 도상이 중심을 이루고 있다. 이 X자 구도는 원과 네모, 즉 원과 방이 겹쳐서 생겨나는 형태인데, 이 구도는 일원론(원) 안에 두 개의 이원론(네모의 대각선)을 품고 있어서 매우 역동적인 세계관을 설명할 수 있다. 한때 기자 생활을 하면서 나는 늘 한국 사회의 역동성이 궁금했다. 한 순간도 같지 않고 마치 생물체처럼 신진대사를 하는 정치체제, 정부의 시책에 그대로 따르기만 하는 게 아니라 국민들이 스스로 정책을 만들고 바꿔나가는 시민사회 등은 경이의 대상이었다. 언젠가부터 늘 코리아 앞에는 '다이내믹'이라는 형용사가 붙는다. 그러면서도 가장 이상적인 꿈을 간직하고 있기도 하다. 도대체 이 현상을 어떻게 설명할 수 있을까. 우리의 사고방식을 작동시키는 어떤 한국적 특징을 우리가 형상화해 낼 수 있을까.

그런 고민을 하던 내게 퇴계의 도상은 매우 충격적인 구조였다. 성학십도와 관련하여 박사논문을 쓸 당시 나는 이 도상이 설명하고자 하는 역동적 우주관에 매우 매혹됐다. 그만큼 이 도상이 표현해낼 수 있는 시공간이 매우 다양하기 때문이다. 도상이 가지는 상징성은 동서고금을 아우르는 매우 보편적이면서도 세련된 것이었기에, 나는 퇴계를 공부하면서 이 도상에 가장 매료됐으며 퇴계의 중층, 정확히 말하면 4중 구조의 함의가 갖는 현대적 의미를 놓칠 수 없었다. 성리학 전문가들에게는 잘 알려진 사실이지만, 일반적으로 조선성리학은 중국과 달리 도상학적 사고를 더 적극적으로 발전시켜온 특징이 있다. 하지만 퇴계처럼 도상을 간결하고 일관적인 방식으로, 그것도 병풍이란 매체를 통해 정리한 사상가는 매우 드물다. 퇴계의 도상은 10개 도에서 위에서 말한 동그라미와 네모를 사용한 4중 도식을 따라 매우 체계적으로 전개된다. 그렇기 때문에 성학십도가 제시하고 있는 그 X자 도식은 한국 사상을 표현하기에 더할 나위 없이 상징적인 것이다. 다시 강조하자면 성학십도가 VR을 통해 넓게는 동양, 좁게는 한국 철학 사상을 현대적으로 재해석하고 재매개할 수 있는 텍스트라는 확신을 갖게 한 것은 성학십도의 열 폭 도상이 가진 중층적인 구조 때문이었다. 더 정확하게는 감상자들이 그 중층 구조 속으로 들어갔다 나왔다 하며 경험하는 시공간 속에서 세계 전체를 아우르는 조망권을 형성할 수 있게 될 것이라는 판단 때문이었다. 그 경험과 조망권이야말로 예전에 퇴계가 강조했던 '경(敬)'이지 않을까. 이것은 오늘날로 따지면 마음챙김 또는 메타인지에 해당하는 개념으로 설명될 수 있을 것이다. 최봉영은 이를 '고마 경'이라고 말하는데 '고맙습니다'에서 어원을 찾을 수 있는 고마는 어떤 것을 크게 높이고 우러를 때 썼던 한국인만의 표현이다. 사람이 고요한 가운데 '고마'에 이른 마음상태가 '곰곰이'고 묻고 따지는 일이 깊고 넓게 이루어져 큰 깨달음으로 나아간다.

그리고 이런 강렬하고 체계적인 4중 시공간 속을 유영하는 것을 가능하게 할 수 있는 미디어는 결국 VR이었다. VR이란 가상의 질서는 우리로 하여금 오감을 통해 사색과 사유, 성찰과 공감을 할 수 있도록 이끈다. 지난 150주에 가까운 시간 동안 지속한 150여 번의 회의에서 우리는 VR을 가장 잘 만드는 것은 것을 일종의 아트워크(예술작품)로 만들 때라는 것을 서서히 자각하게 됐다. 우리는 성학십도를 재해석해 교육용으로 쓰지 않을까 하는 일반적인 시선과 달리, 성학십도를 특히 요즘 유행하는 인성교육용 콘텐츠로만 국한해 다루려 하지 않는다. 물론 교육적 효과를 간과할 수 없겠으나, 우리는 오히려 이 작품을 통해 한국인이 갖고 있는 세계관의 중층성을 경험하고, 동양 철학이 제시하려고 했던 시공간의 복합적 개념을 전달하고자 한다. 그래서 세계의 구조와 네트워크에 대한 이해를 한층 넓히고자 하는 수양의 장치로 쓰고자 했다. 이런 기획의도를 통해 성학십도 VR은 작업되기 시작하였다. 그렇다면 먼저 퇴계의 성학십도 10개 각 도가 어떤 의미에서 이런 중층성을 띠고 있는지를 설명해야 한다.

퇴계는 성학십도에서 어떤 중층성을 추구했나?

성학십도는 퇴계가 말년에 자신의 학문을 10개의 도와 도상에 집약시킨 대표작으로 조선시대 성리학(도학)의 정점에 우뚝하게 선 결정체이다. 우주론, 심성론, 수양론 등 다양한 영역을 포함하는 전체 규모를 집약했고, 이는 한국 철학사는 물론 동아시아 전체 사상사에 광범위하고 지속적으로 영향을 미쳤다. 도상으로 학문을 가장 간명하게 제시하는 것은 한국 성리학사에서 매우 특징적인 방식이었다. 금장태는 "도상을 통해 마음에 근거해 사유하고 일에 나아가 학습하는 주체와 대상의 상호작용 그리고 경의 수양론을 일관하는 성학의 방법을 제시한 것"이라고 설명한다. 결국 성학십도는 제왕의 학문일 뿐 아니라 모든 인간에게 자신의 본래 모습인 성인을 지향하는 길로서 도학을 가르치는 책이었다.

퇴계는 이 10도가 사람들이 도에 들어가는 문이며 덕을 쌓는 기초라고 설명했고, 이 10도 속에 "성인을 이루는 요령이 다 갖춰졌다"고 설명했다. 퇴계는 성학십도 10도를 크게 두 가지 구조, 달리 말하면 두 가지 길로 안내할 수 있다고 설명한다. 먼저 1도 태극도에서 5도 백록동규도까지는 천도에 근본해서 인륜을 밝히고 덕행에 힘쓰는 길이다. 둘째, 6도 심통성정도에서 10도 숙흥야매잠도까지는 심성에 근원해 일상생활에서 실천하며 외경을 높이는 길이다. 이는 하늘의 길 천도(天道)와 땅의 길 인도(人道)가 상응하는 천인상여 제도를 제시한 것이다. 엄청난 스케일의 우주론과 심성론을 한 군데에 모아놓은 것이다. 독자들은 우주론과 심성론을 왔다갔다 하는 설명법을 감상하면서 이 여행이 보통의 시공간을 상정하는 것으로는 부족하다는 것을 한눈에도 알 수 있을 것이다.

특히 8도 심학도(心學圖), 9도 경재잠도(敬齋箴圖), 10도 숙흥야매잠도(夙興夜寐箴圖)는 경(敬)의 실천법을 제시한 것으로 퇴계의 성학이 경(敬)을 핵심원리로 삼고 있다는 것을 보여준다. 10도는 모두 경(敬)으로 일관돼 있기 때문에 이 경을 키워드로 따라가는 여행에는 시공간의 정밀한 설계가 매우 중요하다. 퇴계는 이 성학십도를 올리면서 10폭의 병풍을 평소 거처하는 데 두고, 책상 위에 올려 움직일 때마다 항상 살펴 경계를 삼도록 당부했다.

다음에서는 성학십도 10개의 도 중 현재 성학십도 VR 연구팀이 제작・완성한 1, 2, 3, 8도에 대한 간단한 성학십도 내용 소개와 함께 성학십도 VR에서의 해당 도에 대한 기획 내용을 소개하고자 한다.

성학십도 VR은 어떻게 제작됐나

1도 태극도(太極圖)

1) 성학십도의 본래적 의미

성학십도 1도 '태극도(太極圖)'는 거대한 우주론을 제시하는 장이다. 1도는 무엇보다 성학십도를 개시하는 가장 첫 번째 도이고, 그 내용상 매우 형이상학적인 의미를 담고 있으니만큼 1도의 작업이 가장 지난한 작업이었다. 그래서 우리 팀은 1도를 1년에 걸쳐서 작업하도록 계획했었다. 퇴계는 이 도를 통해 중국 북송 시대의 성리학자 주돈이(周敦頤, 1017~1073)의 태극도와 태극도설을 소개하고 있다. 주희는 이 도설이 "도리의 큰 두뇌가 되며 백세(百世) 도술(道術)의 연원"이라며 특히 강조했다. 백세, 아니 영원토록 가장 중심이 될 기원이라는 뜻이다. 하지만 퇴계가 성학십도 1도 태극도를 통해 구현하고 있는 것은 단지 주돈이의 태극도만이 아니었다. 그저 충실한 계승자가 아니었다는 뜻이다.

주돈이와 이를 극찬한 주희가 태극도의 우주론적 논리만을 제시했다면 퇴계는 이를 계승하며 〈천명도(天命道)〉를 제작하면서, 하늘과 인간 그리고 천명(天命)과 심성(心性)을 통합적으로 해명했다. 여기서 퇴계가 추구한 태극도의 계승과 변혁이 드러난다. 주희에 의해 집대성된 송대 철학이 우주론이었다면, 조선 성리학은 우주론에 머물지 않고 그로부터 인간의 문제까지 이동한다. 이렇듯 조선 성리학의 쟁점은 심성과 천명의 관계 문제에 집중되고 있다. 결국 나의 심이 어떻게 천을 찾을 것인가? 그것은 일종의 거대한 대상인 천이 그 대상의 성질을 공유하고 있는 인간과의 관계를 어떻게 설정할 수 있는 것이냐를 따지는 것이다. 천은 하나를 말하고, 마음은 그 하나가 체화되는 여러 방식을 뜻한다. 그 나의 마음이 천을 어떻게 담고 있고, 천을 어떻게 표현해내는가에서 내가 성인임을 알게 된다.

2) 성학십도 VR의 기획의도

1도 태극도는 일렬로 이어진 작은 원(圈) 5개로 이루어져 있다. 5개의 권 중 1번째 권은 무극이태극(無極而太極: 무극이면서 태극이다)이다. 이 부분은 성리학의 대명제인데, 매우 형이상학적 언명이라서 시각화하는 데 결코 쉽지 않다. 우리는 처음 이를 연출하기 위해 빛의 설치미술가 제임스 터렐(James Turrell)의 이미지를 떠올렸다. 이를 위해 무극을 상징하는 블랙홀과 같은 암흑(all black)에서 안개가 몽환적으로 조금씩 떠오르면서 서서히 밝음으로 전환해가는 모드를 구현했다. 5권 중 2번째 권은 음과 양(陰과 陽)이 교차하는 것으로 이를 시각적으로 구현하기 위해서는 처음에는 그래픽으로 시도하다가, 다시 실사 사진을 연출하기로 했고, 이를 위해 동해에 가서 직접 일출과 일몰 영상을 찍어왔다. 3번째 권은 오행(五行)이 등장하는데, 다섯 개의 유니티(unity) 프로그램 안의 파티클이 목화토금수(木火土金水)의 순서로 날라와서 관람자의 머리 위에서 '뫼비우스의 띠'를 돌면서 영원히 순환하는 방식으로 진행하는 것으로 구현했다. 2번째 권과 3번째 권에서 구현한 음양오행은 동양 철학, 그 중 유학의 가장 대표적인 우주생성론이며 우리는 그 리기(理氣)의 역동적 변화 세계를 뫼비우스와 실사 사진으로 표현한 것이다.

4번째 권은 '건도성남, 곤도성녀(乾道坤道, 成男成女)'로 드디어 남녀 인간이 탄생하는 대목이다. 우주에서 인간의 탄생을 다룬 만큼 매우 웅장한 설계가 필요했는데, 이를 위해 태중 아기의 우렁찬 심장 소리 사운드로 위대한 시작을 다뤘다. 그리고 이 이후의 아이의 성장은 실제 아이들 모델을 써서 실사 촬영으로 이루어졌다. 1학년짜리 같은 나이의 남녀 아이 두 명이 조연으로 출연한다. 이 아이들이 서울대 버들골에서 비누방울 놀이를 하며 뛰어놀다가 감상자들에게 다가와 "같이 갈래요?"라고 이동을 제안하는 신으로 구성했다. 5번째 권은 만물화생(萬物化生), 즉 세상 만물이 활짝 피어난다는 의미로 이를 극적으로 시각화하기 위해 조선시대의 자랑인 하늘의 별자리 지도, 천상열차분야지도(天象列次分野之圖)를 그대로 한 땀 한 땀 옮겨서 구현했다. 감상자가 고개를 들어 하늘을 보면 밝은 별자리가 형상화된 하늘을 볼 수 있는데 이는 조선의 천문학적 선진성과 성과를 보여주는 한국의 국보기도 하다. 태극도 자체는 중국에서 발원했으나, 태극기를 한 국가의 상징으로 갖고 있고 또 천문의 우수성을 세계에 자랑해왔던 한국적 전통을 살릴 수 있다는 의미에서 연구원들 모두에게 매우 흡족한 기획이었다. 나중에야 알게 됐는데 우연히도 2018년 평창올림픽 개막식에서도 천상열차분야지도의 증강현실 재현으로 밤하늘을 수놓았다. 이 뉴스를 접한 우리는 더욱 기획의 적절성을 확신하게 됐다. 1도는 전반적으로 1년에 걸쳐서 세심한 기획으로 이루어졌다. 첫 도이니만큼 시행착오도 많았지만 매우 신중하고 오랜 고민 끝에 기획된 작품이라 그만큼 애정이 크다. 아쉬운 점이 있다면 태극도를 계승한 퇴계의 독창적 해석인 천명도를 표현하지 못했다는 점이다. 보완할 시간이 주어진다면 이 점을 더욱 발전시켜보고 싶다.

2도 서명도(西銘圖)

1) 성학십도의 본래적 의미

2도 서명도(西銘圖)는 북송 유학자 장재(張載: 1020~1077)의 서명(西銘) 원문을 원나라 학자인 정복심이 도상화한 것이다. 서명(西銘)은 장재의 만년 저작으로, 글 전체는 겨우 253자에 지나지 않지만 천지만물과 나라는 존재와의 일체에서 얻어지는 인(仁)이라는 매우 심오한 주제의식을 담고 있어 성리학에서 태극도와 함께 매우 높이 평가된 글이다. 253자 원문은 다음과 같다.

> 하늘(乾)을 나의 아버지(父)라 부르고 땅(坤)을 나의 어머니(母)라 부른다. 나의 조그만 몸이 그 가운데 뒤섞여 있다.
> 그런 까닭으로 천지 사이에 가득찬 것은 나의 몸이 됐고, 천지를 이끄는 것은 나의 본성이 됐다. 나의 본성(性)도 또한 만물의 성이다. 천지는 나와 만물을 생성하기 때문에 천지 사이에 있는 것은 모두 나의 동포다. (중략)
> 부귀와 복택은 나의 삶을 두터이 할 것이고 빈천과 우척은 나를 옥성시키리라. 살아있는 동안 나는 순종하여 섬기고, 죽을 때는 편안히 돌아가리라.

서명도는 상하 두 개의 도로 이루어져 있다. 상하의 두 개 도(圖)에서 서명도의 상도는 하나의 리(理)가 사물에 따라 나뉘어 나타나는 것을 말했고, 하도는 부모를 극진히 모시면서 하늘을 섬기게 되는 도리를 밝혔다. 서명은 천지만물과 더불어 일체(한 몸)를 이루는 인(仁)의 본체를 짧지만 강렬하게 말하고 있다. 특히 서명에서는 '나(予)'가 10번이나 나오는데, 이 의미를 깊이 알아차리는 것을 퇴계는 매우 강조하고 있다. 유학은 자아를 긍정하고 그 자아의 완전성을 신뢰하고 지향하는 학문, 즉 위기지학(爲己之學)이다. 그래서 천지만물이 하나라고 생각하거나 천하를 구제하려는 뜻이 있더라도 무엇보다 자신의 본성 속에서 이를 찾지 못하면 위기지학은 한갓 공상에 그칠 수 있다. 이런 점에서 절실하게 자기 자신을 반성하고 자기 자신 속에서 인(仁)을 찾아야 한다. 자기 자신을 원본으로 삼고 주재로 삼아야 한다는 뜻이다.

2) 성학십도 VR의 기획의도

2년차에서 태극도에 이어서 2번째로 기획한 제2도 서명도(西銘圖)는 바둑판의 구조를 형상화하는 구조로 시작한다. 이 기하학적 바둑판 매트릭스를 통해 하늘과 땅이 만나 내가 됐음을 전달하려 했다. 주희가 "2도 서명도의 상도가 바둑판을 상징하는 것이라며 하도는 사람이 바둑을 두는 것과 같다"고 말한 바에 착안한 것이다. 하늘의 리(理)와 땅의 기(氣)가 만나서 한데 섞인 게 나를 표상한다는 느낌을 주기 위해 투명한 느낌의 작은 공이 허공에서 날라와 나를 통과하는 듯한 인터랙션을 구축했다. VR에서만 할 수 있는 구현이었다. 이 부분은 특히 서명도의 '건칭부 곤칭모(乾稱父 坤稱母: 하늘을 아버지라 부르고 땅을 어머니라 부른다')의 파트를 표현하기에 가장 적합하다.

이 구절은 하늘에 해당되는 아버지와 땅에 해당되는 어머니가 서로 만나 내가 만들어졌음을 의미한다. 여기에는 두 가지 뜻이 있다. 첫째, 건칭부, 곤칭모 즉 하늘과 땅이 만나듯, 아버지와 어머니가 만나 나를 이루었다는 뜻이다. 둘째, 천지기수오기성(天地之帥吾其性). 즉 하늘과 땅을 이끄는 같은 원리가 나 역시 이끌고 있으며, 천지기색오기체(天地之塞吾其體), 즉 하늘과 땅을 가득 채운 같은 물질이 나를 만들었다는 이론을 제시하고 있다. 이는 나라는 인간은 천지만물과 같은 원리(理)와 물질(氣)로 이루어졌다는 세계관을 표현하고 있으며, 그러므로 온 우주의 만물은 모두 한 천지라는 한 배 속에서 나온 동포라는 뜻을 강조하는 존재론적 평등론이다. 우리는 이 부분을 원문에서의 글씨와 구조를 떼어내어 VR 내에 옮겨오면서, 이 네 글자 위에 떠있는 각각의 네 개의 구체가 마치 영혼처럼 사용자가 위치한 방향으로 날라와 흡수되도록 연출했다.

특히 상도에서 "나와 백성과 만물은 형제요, 그 이치는 모두 하나이다"라는 이일(理一)의 원리를 선언했다. 이는 함께 사는 인을 말한 것으로 미루어 실행하는 인으로 나아간다. 미루어 실행하는 인에는 사람과 만물의 다름, 임금과 신하의 다름, 어른과 아이의 다름, 성인과 현인의 다름, 고귀하고 비천함의 다름이 차이나지만 바둑판 위에서 어떤 위계도 없듯 존재 자체에서는 차별 없이 평등함을 논하는 대목으로 구현하려고 노력했다.

하도에는 그 존재론적 평등을 바탕으로 하늘에 대해 효를 다하듯, 부모에 대한 효를 다하는 여러 고사가 포진해 있다. 상도에서 표현한 바둑판의 존재론적 평등이 형이상학적 구조적 존재의 질서를 말한다면, 하도는 그 바둑판에서 실제로 벌어지는 삶의 여러 일상적 우화를 다룬다. 우리는 서명도가 궁극적으로 표현하는 것은 효와 인 사상이기에, 하도의 VR 공간은 형이상학적 바둑판에서 내려온 형이하학적 세계, 그 중에서도 인(仁)을 표현하는 큰 느티나무로 표현했다. 그 느티나무 가지에는 총 3개의 족자가 걸려 있고, 그 족자에 감상자가 다가서면 우화가 골전도 이어폰을 통한 사운드로 들려온다. 서명도 본래 원문에서는 총 6개의 에피소드가 등장한다. 그러나 우리는 여기서 우임금이 술을 좋아한 이야기, 신체를 보존해 몸을 아꼈다는 증삼의 이야기, 그리고 효의 상징으로 여겨지는 순임금의 이야기 세 가지를 선택해 이를 족자에 애니메이션 형태로 스토리텔링했다. 1도와 2도는 모두 우주론을 다루는 도이지만 1도가 뭔가 명상적이고 선(禪)적인 느낌이라면 2도는 좀 더 사실적으로 묘사하려고 노력했다. 그 결과 또다른 방식의 결이 만들어졌다.

3도 소학도(小學圖)

1) 성학십도의 본래적 의미

3도 소학도(小學圖)는 주희가 어린아이들이 유학을 배우는 입문서로 만들기 위해 고훈과 명언을 수집해 편찬한 책 〈소학〉의 목차를 따서 퇴계가 그림으로 그린 것이다. 퇴계는 성학십도 전체에서 3도인 소학도가 4도인 대학도와 대비되고 있음을 강조한다. 또 소학도의 도입부를 주희의 '소학제사'로 시작한 후, 주희의 〈대학혹문〉에서 소학과 대학을 통론한 설명을 인용해 소학과 대학 공부의 전체를 조망하고 있다. 퇴계는 "소학과 대학은 서로 기다려 이루어지는 것으로 하나면서 둘이요, 둘이면서 하나다"며 "학(學)의 대소는 같지 않으나 그 도(道)를 함은 하나일 뿐이다"며 소학과 대학의 통합적 인식을 역설한다. 그 중심에 있는 것은 경(敬)이다. 주희는 "경(敬)의 한 글자가 성학의 시작과 끝이 된다"며 소학과 대학을 관통하는 것은 경(敬)임을 알린다.

소학의 내용은 목차에 보이듯 입교(立教), 명륜(明倫), 경신(敬身)을 주로 한다. 입교에서는 가르치고 배울 내용을 밝히고, 명륜에서는 다섯 가지 인간관계를 가르치며 경신에서는 자신의 몸에 대한 공경을 가르친다. 계고(稽古), 가언(嘉言), 선행(善行)에서는 고인의 행동과 말을 통해 구체적인 실례를 통해 입교, 명륜, 경신, 계고에 대한 교육효과를 높인다. 어릴 때부터 도덕적 행동이 몸에 익숙하도록 하고 동시에 도덕적 심성을 함양하는 게 목적이다.

2) 성학십도 VR의 기획의도

위에서 검토했듯이 소학은 "흩어진 마음을 거둬들이고 덕성을 배양하는 것"으로 대학의 기본이 된다. 그러나 우리는 3도 소학도가 8세에서 15세까지의 어린아이들을 대상으로 하는 교육서였다는 점을 감안해 기본적으로 아이들도 참여할 수 있는 인터랙션 게임형식으로 구현하기로 결정했다. 인의예지신이라는 오륜을 기본으로 인(仁)과 의예지신(義禮智信)을 나눠서 구인(求仁), 즉 인을 구하는 방법을 특별히 더 보강해서 새로 구성하기로 했다. 이를 통해 인을 어떻게 게임형식으로 구현할 것인가에 대해 많은 논의를 거쳤다(이에 대해서는 4장 'VR로 경 쌓기' 참조). 사대문으로 구성해 인의예지 "동대문을 열어라"라는 놀이를 할 것인지, 아니면 경을 쌓아서 증강된 인간을 만들어가는 놀이를 할 것인지 등등의 의견이 나왔고 열렬한 토론을 벌였다.

결국 연구진은 "쇄소응대(灑掃應對, 집 앞 마당을 물뿌리고 빗자루로 씀)"라는 키워드에 착안해 자신의 주변환경을 정돈하며 마음을 모으는 것으로 게임의 주제를 정했다. 구체적 장면으로는 자기 방 청소를 하는 장면, 화살이 날아오는 상황에서 자신을 지키는 장면을 구현해 의예지신의 4가지 애니메이션 상황을 스토리텔링하기로 결정했다.

소학의 학문방법은 하학의 비근한 현실 속에서 실천을 출발점으로 확인하고, 고매한 이상으로 향해간다. 이것을 하학상달(下學上達)이라고 한다. 또 동시에 학문기반으로서 인륜의 구체적 인간 관계의 도덕 규범을 실천하는 것을 목표로 한다. 비근한 현실에서부터 실천해가는 것이 기초를 확고히 하는 방법이다. 일상성에 뿌리를 두는 방법이다. 인륜 중심의 규범 체계는 소학을 통해 가장 구체적으로 제시되며, 그 규범을 생활 전반에서 실천하는 게 가장 중요하다. 이런 방식으로 만든 아동을 위한 '경(敬) 게임'은 아마도 국내 최초인 듯하며, 방을 세심하게 정돈함으로써 자신의 마음을 정돈하고 경을 쌓아 대학의 공부로 가기 위한 기초를 마련하겠다는 의도를 과연 실현할 수 있을지 실용적 적용이 가장 기대되는 도이기도 하다.

8도 심학도(心學圖)

1) 성학십도의 본래적 의미

8도 심학도(心學圖)는 중국 원나라 정복심이 만든 심학도를 차용하고 있는데, 이 심학도를 보면 왜 성학십도가 매우 입체적으로 보일 수 있는지가 직관적으로 드러난다. 특히 심(心)이 신(身)을 주재(主宰)하며, 경(敬)이 심의 주재가 되는 구조를 밝혀 심과 경을 8도 전체의 위아래 두 중심으로 삼아 심학(心學)이 경을 근본으로 해야 함을 밝힌다. 8도는 이렇게 다양한 마음의 양상과 경을 통한 마음 배양을 체계적으로 해명했다. 마음이 몸을 주재하지만 만약 마음이 자극과 유혹에 흔들리면 이때 자신을 주재하는 게 따로 필요한데 그것이 바로 경이다. 때문에 경은 하단의 원에서 경을 가장 최중심에 두고 있다.

퇴계의 학문적 관심은 리기(理氣)의 형이상학적 존재론을 발판으로 성정(性情)이라는 인간 내면의 존재 양상을 해명하려고 하는 것이다. 리기, 심성의 성리학적 이론을 중심으로 심성의 실체를 보존하고 배양하며 존심양성(存心養性: 마음을 보존하고 심성을 기름)의 방법론을 제시한다. 퇴계 사상을 균형있게 이해하려면 이 두 중층적 세계에 대한 사상을 분리시키지 않고 둘 사이를 소통하고 대화시키며 접근해야 한다. 앞에 나오는 6도 심통성정도와 7도 인설도가 마음의 본체론적 근원을 분석했다면 8~10도는 마음의 응용 훈련이다. 그것도 실전에서의 마음운용법인 것이다. 이를 위해 수행의 기본으로 본래적 마음인 본심(本心)과 양심(良心) 등을 확인하는 작업이 우선된다. 다음으로는 이 마음을 보존하는 방법으로 부동심, 종심, 극복 등의 과정이 제시된다. 여기서 제시되는 마음의 개념들은 모두 마음수양을 위한 교과서인 진덕수(眞德秀: 1178~1235)의 〈심경(心經)〉에서 추출한 것이다. 심의 여섯 개념과 명칭은 심권(心圈)에서 좌우대칭구조로 정렬돼 있다. 상단에는 본심과 양심이 병렬, 중단에는 대인심과 적자심, 하단에는 도심과 인심이 짝을 이루는 중층구조로 역시 이루어져 있다. 심권과 경권(敬圈)은 유정유일, 택선고집이 연결고리로 이어져 있다. 또 경권은 총 12개의 마음응용법이 오른쪽 6개 반원과 왼쪽 6개 반원으로 정렬돼 있다.

2) 성학십도 VR의 기획의도

8도 심학도는 성학십도 전체에 걸쳐서 가장 구조가 뛰어난 도다. 따라서 우리는 이를 직관적인 구조로 시각화하기로 했는데, 몸(身), 마음(心), 마음챙김(敬) 이라는 3단 구조를 일단 선명하게 드러내기로 했다. 제일 위의 원은 심이요, 아래 원은 경이다. 이런 두 축, 즉 심권과 경권에 배속된 18가지 조그만 항목들 각각을 하나의 불렛(bullet)이라고 가정하기로 했다. 그리고 그것이 천인합일(天人合一), 그리고 두원

족방(頭圓足方: 머리는 둥글고 몸은 네모나다로 둥근 하늘과 네모난 땅 즉 천지를 닮은 사람을 뜻함)의 인간상을 상징한다고 보고, 그것을 재현했다. 종합적으로 전체 천인합일을 상징하는 반원실린더의 형태 속에서 두루마기가 펼쳐지면서 각 블렛의 에피소드가 등장한다. 이 에피소드는 원래 성리학의 주요 원전에서 나오는 출처를 갖고 있으나 역시 현대적으로 각색해서 재서술(스토리텔링)했다. 심과 경이라는 두 개의 거대한 원이 돌아가면서 계속해서 우리 마음속에서 일고 있는 변화와 주요 테마들이 고전에서 어떻게 얘기되고 있는지 스토리를 같이 배치했다. 관객은 구조 속으로 들어가 스토리를 감상하면서 마음속의 경에 머무를 수 있다. 퇴계는 "병을 치료하는데 비유하자면 경(敬)이란 마음의 모든 병에 쓸 수 있는 만병통치약"이라고 했다. 우리는 퇴계가 평생 탐구한 마음병(心病)을 치유하는 길을 꼼꼼히 살펴보면서, 현대인의 아픈 마음을 회복하는 방법에 대해 감상자들이 알 수 있도록 설계했다.

오래된 미래, 가상 현실의 역사를 구성하기

성학십도 VR을 구축하는 작업은 혁신적 기술에 전통과 삶의 의미를 풍부하게 지닌 콘텐츠를 품어내겠다는 의욕 가득히 시작하였지만, 그만큼 정말 한 순간도 숨을 편히 쉴 수 없을 만큼 고단하고 지난한 작업이기도 했다. 작업 자체도 어렵고 고단하지만, 현재 국내 학계가 솔직히 이런 장기 프로젝트, 그리고 그 프로젝트가 벌일 수밖에 없는 시행착오를 인정하고 있지 않기 때문이기도 하다. 이런 프로젝트는 그야말로 한편 한편의 예술품을 내놓은 작업이기에 기존의 연구 성과를 산정하는 방식대로 논문 게재 수를 따지면 불리할 수밖에 없다. 우리 팀 역시 VR을 제작하는 가운데 틈틈히 노력해서 논문도 최대한 게재하려고 최선을 다했지만 시간적 여유가 턱없이 부족했음은 부인할 수 없다. 이제 학계도 기술뿐 아니라 기술이 구현할 콘텐츠에 대한 가치에 투자하고 장기적으로 산업의 기반을 만들어야 할 때라 생각하며 융합연구의 다양성과 가치에 대하여 다시금 그 어려움을 함께 공유하였으면 한다. 당장 돈이 나오거나 핵심기술을 산출할 수 없다 해도 이런 시도 자체는 시간을 두고 가치를 인정하며 기초연구로 지속하도록 지원할 필요가 있다. 또 대학은 기초연구에 필요한 융합연구를 위해 기존 학제간 담을 많이 허무는 인재양성과 기술축적의 플랫폼이 되도록 더욱 힘써야 할 것이다.

한편, 조선시대는 군자를 키워내는 〈소학〉과 〈대학〉에 몰두했던 시기다. 지금 우리는 퇴계가 그토록 〈성학십도〉에서 강조한 그 교육을 소홀히 하고 있다. 소학은 소학대로 대학은 대학대로 굴절되거나 소멸돼 시민이나 정치지도자나 모두 헤메고 있다. 우리가 꿈꾸는 미래 시민의 권리는 성학십도가 제시하는 경의 수양없이 이루어지지 않는다. 이러한 점에서 우리는 성학십도가 피력했던 이상 사회를 위한 개인적·사회적 차원의 교육, 자기 성찰과 배려의 중요성을 다시금 환기하면 좋겠다고 생각했다. 그 꿈을 위해, 그 원(願)을 위해 오늘도 이 작업을 하고 있다.

성학십도 VR을 통해 우리가 과거의 전통을 재구성하는 이유는 잊혀진 가치를 통해 미래를 꿈꾸기 때문이다. 인공지능 시대에서는 가상 현실 역시 인간 삶의 장소로 인정돼야 한다. 코로나로 인해 가상 현실의 생활 속 구현은 예상보다 훨씬 앞당겨졌다. 이제 역사에도 지식보다도 상상력이 더 중요한 시대가 됐다. 가상 현실로 구현한 새로운 역사와 전통은 실제 역사, 텍스트 유산과 함께 상보적으로 진화해 나갈 것이다. 그 오래된 미래에 우리 프로젝트 〈성학십도 VR〉이 있다.

聖學十圖 VR

탠저블 필로소피: 성학십도 VR

Chapter

03

성학십도 공간을 들다

김호남, 홍광민

공간의 소리로 재현되는 퇴계의 악보

성학십도는 퇴계 이황이 1568년 선조에게 올린 성리학의 주요 개념을 10개의 그림으로 나타낸 상소문이다. 선조가 17세의 어린 나이로 왕위에 오른 그 해, 68세의 노인 퇴계는 무슨 말을 하고 싶었을까? 여러 사화들로 인해 많은 사람들이 해를 입는 과정을 평생에 걸쳐 지켜본 퇴계는 정치권력화된 성리학을 말하기 이전에 그가 평생 탐구해온 삶의 철학으로서의 성리학을 선조에게 바친다. 이는 성왕이 되어 온 백성들에게 선정을 베풀기를 바라는 간절한 목소리가 아니었을까? 성학십도는 그렇게 남겨진 도식과 글이다. 하지만 앞서 표현한 말과 목소리로서의 퇴계이황은 이제 사라지고 없다. 만일 우리가 퇴계 이황에게 녹음기를 전달할 수 있다면 그는 어떤 어조로 우리에게 무슨 이야기를 해줄 수 있을 것인가? 더 나아가 우리가 퇴계와

▌성학십도 1도 태극도(그림 1)

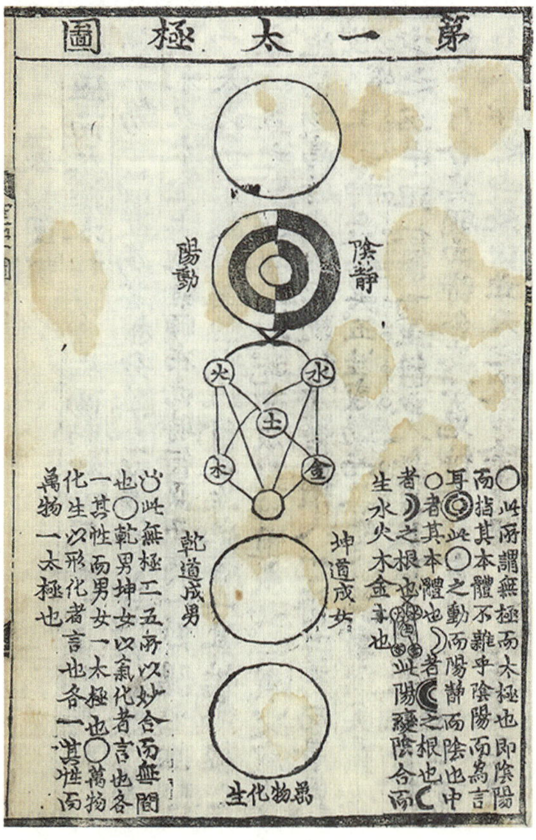

같은 자리에 앉아 그의 눈을 직접 마주하며 그가 평생 노력했던 삶의 이야기를 듣고 감각할 수 있다면 얼마나 좋을까? 그렇다면 그는 현대를 사는 우리에게 무슨 이야기를 해주었을까?

녹음 기술과 촬영 기술의 발전은 우리에게 새로운 기록물로써 세상을 감각하게 하였다. TV를 통해 마틴 루터킹의 링컨 기념관 연설장면에서 그의 목소리에 귀를 기울이고, 그의 몸짓에 이끌려 경청하다보면 단순한 글로 이야기를 읽는 것과는 전혀 다른 그의 감정을 느끼게 될 것이다. 하지만 이러한 시청각적인 기록이 가능하지 않았던 이전의 시대는 어떠하였을까?

악보는 음표와 쉼표 등으로 가득찬 도상의 연속이다. 오랫동안 악보는 말로 표현할 수 없는 소리를 재현하기 위한 방법으로 그 도식화된 방식을 발전시켜 왔다. 반대로 그러한 악보에 적힌 규칙을 따르는 연주를 통해 우리는 음악을 재현하여 왔다. 이는 일종의 통신과 기록, 암호화와 복호화의 체계라고 할 수 있다. 작곡가들은 이 과정을 숙달하였기에 악보를 보며 오케스트라의 소리를 상상할 수 있었으며, 또한 그들이 상상한 세계를 악보에 기호화시켜 담을 수 있었다고 한다. 이러한 과정은 혹시 성학십도가 그려진 기호가 가득찬 병풍을 매일 아침 바라보며 스스로 해석하며 훈련하기를 바랬던 퇴계의 마음과 비슷하지 않을까?

성학십도 VR은 이렇게 퇴계가 글과 그림의 도상을 통해 표현했던 공간을 구현하고자 하였다. 그리고 우리는 상상해본다. 이 시공간에는 어떤 소리들이 가득차 있을지. 성학십도 VR의 사운드는 이러한 의도에서 출발하여, 도상으로 가득찬 종이를 연주하듯 성학십도를 현대적으로 해석하여 이를 통해 그에 적합한 새로운 시청각적인 경험을 할 수 있는 공간을 재현하고자 한다.

성학십도 VR의 개발 개요

영화 VS 게임 – 서로 다른 제작 경험을 하나로 묶다

여러분이 상상하는 미래는 어떤 모습인가? 대부분의 융합연구 콘텐츠 기획은 미래를 상상하면서 시작되리라 생각된다. 융합연구, 특히 새로운 기술을 베이스로 진행되는 연구의 많은 경우는 상상력을 발휘하여 청사진을 그린 다음, 이를 목표로 연구를 진행할 것이다. 하지만 본 글에서는 조금은 현실적인 이야기를 해보려고 한다. 융합연구자에게 새로운 형태의 가상 현실을 상상해보는 일은 어렵지 않다.

〈마이너리티 리포트〉처럼 눈앞에 화면이 휙 하고 나타나 손가락을 가지고 자연스럽게 상호작용하는 스크린을 상상해볼 수도 있을 것이며 아이언맨처럼 인공지능을 통해 눈에 보이는 사물의 모든 정보를 한눈에 볼 수 있는 증강 현실 글래스를 상상할 수도 있을 것이다. 하지만 상상할 수 있는 모든 디자인의 가능성을 연구 과정에서 문제없이 구현할 수 있을까? 현재 해당 기술을 위한 카메라를 통한 인공지능, 생체인식에 대한 많은 연구가 이루어진 것은 사실이지만 실제 그것을 제작하는 것은 전혀 다른 문제로 다가온다. 눈앞에 화면을 표현해주는 홀로그램 기술은 아직 성숙한 기술 단계에 도달하지 못하였으며, VR을 위한 HMD는 안정된 무선연결과 컴퓨팅 성능의 부족으로 표준화에 이르지 못하고 있기에 매일 새로운 기종의 디바이스를 출시하며 경쟁하는 중이다. 이러한 이유로 그 제작방식이 공고히 정착되기보다는 아직은 실험적인 다양한 연구들이 이루어지고 있다. 이러한 상황 속에서 성학십도 VR의 사운드 연구의 초점은 현재의 기술이 어느 정도 진행되었는지를 확인하고 그것을 융합적 사고를 통해서 새롭게 재조직하는 데 집중하기로 결정하였다. 무엇을 만들지에 대한 막연한 고민보다는 현재의 기술이 어떻게 자리잡고 있는지를 확인하여 새로운 의미를 위해 '어떻게' 그 기술들을 재조직하고, 어떻게 그 내용을 맥락화하여 연출로 연결시킬지 고민하는 것, 거기서부터 출발한 것이 성학십도 VR 사운드 연구의 시작이었다.

성학십도 연구 초기 사운드 제작을 위해 다양한 분야의 기획자, 개발자, 사운드 디자이너가 한자리에 모여 VR 사운드 연구에 관한 제작 상황을 이야기 나누었다. 이때 느꼈던 가장 큰 문제는 기술 개발이 초기 단계인 VR에서는 아직 표준화되지 않은 개발 환경 속에 콘텐츠가 제작되고 있다는 점이었다. 또한 특히 VR은 몰입적 환경 속에서 풍부한 경험을 만들어내기 위한 연구가 활발한데, 이들이 아직까지는 시각에 크게 치우쳐져 있다는 것이다. 다시 말해, 체험자의 몰입적인 경험을 이끄는데 시각 못지 않게 중요한 것이 청각인데 이에 대한 개발이 간과되고 있는 상황이라는 것이다. 그 결과 현재 VR 사운드는 다양하고 깊이 있게 구현되지 못하고 있는 실정이었다.

VR로 변환되는 영상 콘텐츠들은 대부분 영화 산업의 표준에 기반하여 제작된다. 페이스북, 유튜브 등의 회사에서는 spatial-sound[1]라는 오디오 플러그인을 제작하였는데, 이는 기존 사운드프로덕션의 프로그램을 활용하여 페이스북 모바일 사용자의 환경에 맞게끔 헤드폰으로 사운드를 들을 수 있도록 사운드 파일을 2채널 서라운드 포맷인 바이노럴(binaural)❷ 방식으로 인코딩해주는 소프트웨어를 개발한 것이었다. 그러나 이 모든 사운드는 실시간의 상황에 맞게 상호작용적으로 반응하도록 프로그래밍된 소리가 아니라, 선형적 시간 기반의 콘텐츠인 영화 위에 포함된 사운드처럼 고정적인 소리로 렌더링되는 제한이 있었다. 한편, VR에서 영화와 더불어 또 다른 분야로서, 물리엔진을 활용한 게임 기반의 VR 콘텐츠가 있다. 이 VR 게임에서는 실시간상에서 사용자의 움직임과 위치에 따라 가상 현실 내부의 상황과 인터랙션되며 이에 적합화된 소리가 발생하게 되지만, 이는 대부분 절차적인 방식의 프로그래밍으로 그 제작이 이루어지기에, 영화처럼 풍부한 사운드를 만드는 사운드 디자이너가 원하는 소리를 제작하기 어렵다는 것이다. 이는 영상과 게임이 서로 전혀 다른 구조의 제작 방식을 가지기 때문이다.

현재 촬영 기반의 VR은 기존 영화나 음악 산업의 사운드 디자이너가 작업하는 경우가 대부분이며, 컴퓨팅 기반의 VR 콘텐츠 제작에서는 소프트웨어를 제작하는 프로그래머가 주로 사운드 제작에 참여하게 된다. 이에 따라 그동안 VR에서 사운드 개발 환경은 사운드 디자이너에 의한 음원 제작과 VR 엔진개발자의 절차적 프로그래밍 제작으로 나누어졌고, 이에 따라 각각의 산업 영역에서 사운드 제작의 표준 또한 다른 형태로 발전하게 되는 양상을 보이고 있다. 하지만 몰입감 있고 깊이감 있는 VR 사운드를 만들기 위해서는 사운드를 전문적으로 다룰 수 있는 전문가인 사운드 디자이너도 필요로 하며, 다양한 컴퓨팅 기반의 인터렉티브 사운드를 제작하는 소프트웨어 엔지니어도 필요하다. 현재 분리된 두 제작분야 간의 결합이 앞으로 중요한 문제로 대두된다.

우리 성학십도 VR팀은 1도에서 10도에 이르기까지 여러 VR 콘텐츠를 개발하면서 때로는 게임을, 때로는 영화 같은 영상을 곳곳에 만들며 융합적인 콘텐츠를 만들어가고 있다. 또한 VR 내 한 씬 안에서도 사용자(참여자)의 귀에 들리는 성학십도에 대한 내레이션 설명, 혹은 움직임과 인터랙션에 따른 결과로서 생성되는 효과음과 지시음 등과 해당 씬 자체가 놓은 상황과 환경을 구현하는 환경음, 배경음 등이 필요한 경우도 있으며, 이러한 배경에서 들리는 여러 효과음을 만들어야 하는 경우도 생기게 되었다. 이러한 작업들이 반복되면서 성학십도 VR 콘텐츠는 현재 콘텐츠가 개발되고 있는 유니티 3D 게임 개발 환경에 따른 인터랙티브 사운드를 기반으로 하는 동시에, 흔히 영화 제작에서 사용되는 보다 풍부한 경험과 몰입감을 제공하는 고품질의 오디오를 동시에 적용할 수 있는 새로운 제작방법론을 찾게 되었다.

골전도 이어폰과 서라운드 사운드의 병용

프로그래머와 사운드 디자이너 사이에서 두 분야의 제작 절차를 하나로 잇기 위해 고민하던 중 영화에서 제작되는 서라운드 사운드와 일반적인 VR HMD에 제공된 사운드 채널을 병렬적으로 동시에 이용하여 제작하는 방법의 좋은 아이디어가 떠올랐다.

일반적으로 사용되는 이어폰과 헤드폰은 공기에 진동이 우리 귀의 이도를 지나 고막을 진동시켜 달팽이관에서 전기에너지로 변환되어 뇌로 전달되는 방식으로 소리를 전달하게 된다. 아래 [그림 2]에서처럼 VR 헤드셋(Head Mounted Display, HMD)에서도 일반적인 이어폰을 착용하는 듯한 장치가 달려 있으며 이를 통해 사운드를 전달한다.

그런데 이어폰을 통해 소리를 제대로 들으려면 이어폰을 귀에 정확하게 착용해야 하는데, 착용 순간 외부의 소리가 차폐된다. 이는 우리가 개발하여 적용하고

▍골전도 이어폰을 사용하여 자유로워진 이도청각(그림 2)

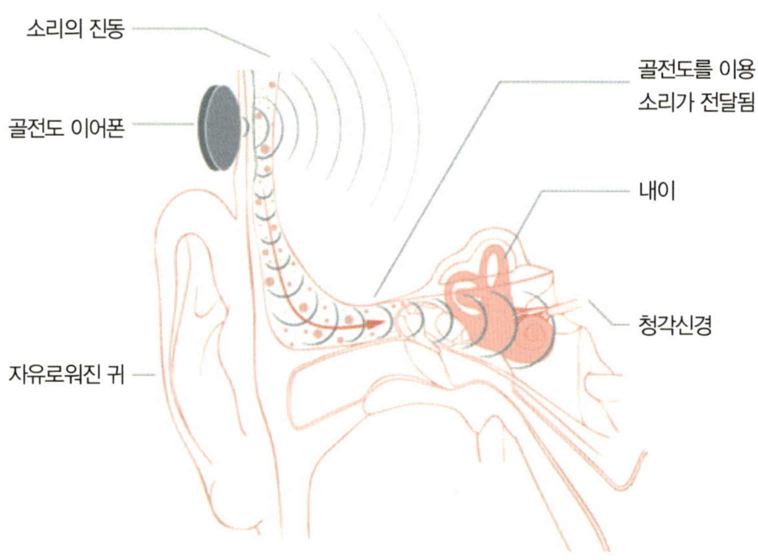

자 하는 영화적 서라운드, 이머시브 사운드를 차단시킨다. 이러한 영화적 사운드와 게임의 인터렉티브 사운드를 병렬적으로 사용하기 위해 외부의 소리를 차폐시키지 않는 방법이 필요했다. 그런데 우연히 골전도 이어폰을 사용하게 되면서 이를 우리 사운드 개발에 병용하는 방안이 떠오른 것이다.

골전도 이어폰은 귓바퀴 뒤의 뼈에 진동을 가하여 고막에 진동을 전달하는 방식으로 소리를 전달한다. 이는 귀 주변 연골에 부착하는 형식이기에 이어폰을 통해서 듣는 소리뿐만 아니라 외부의 소리도 동시에 들을 수 있는 청취 환경을 가능케 한다. 따라서 골전도 이어폰은 주로 시끄러운 환경에서 일하는 산업 종사자들이 작업할 때 바깥 주변을 인지하는 동시에 특별히 지시 하달되는 전달사항을 동시에 얻기 위해 사용된다. 예를 들면, 건설현장이라든지 혹은 시끄러운 무대 주변에서 작업하는 오퍼레이터들, 혹은 거리를 달리며 조깅하는 사람 등이 사용하는 경우가 많다. 그런데 우리는 이 골전도 이어폰을 VR 환경에서 효과적으로 사용할 수 있을 것이라 생각한 것이다. 골전도 이어폰을 사용하여 일반적인 귀를 통해 들어오는 이도 청각을 열어둔 채, 다른 소리 채널을 귀 옆 뼈를 통해 진동시켜 소리를 전달하는 골도 청각을 활용하여 두 종류의 사운드를 제약없이 들을 수 있도록 계획하였다. 이러한 아이디어를 떠올린 후 본 성학십도 VR 프로젝트의 사운드 연구는 더욱 본격적으로 시도되었다.

상용 사운드 효과가 가능한 미들웨어로서의 사운드 서버

그런데 서라운드 사운드 시스템과 골전도 이어폰의 재생환경을 통해 각각 영화와 게임 콘텐츠 제작 프로세스를 적용하기 위해서는 두 시스템을 연동할 수 있는 시스템 개발이 필요하다. 이러한 필요에 의해 기존 3D 게임제작사들은 최근 미들웨어를 활용하여 사운드를 제작하는 추세이다.

FMOD와 Wwise 같은 사운드 제작도구들은 상기했던 프로그래머와 사운드 디자이너 사이에서의 작업의 흐름을 유지하도록 하는 게임제작에 특화된 사운드 제작 소프트웨어이다. 하지만 이러한 툴들은 대부분의 사운드 디자이너 입장에서 제작할 수 있는 익숙한 UI를 제공하고 있으며, 모든 사운드가 알맞게 제작된 이후 프로그래밍에 맞는 코드로 자동으로 변환시키기 위해 개발되었다. 기존 게임 제작 프로그래밍 소프트웨어를 통해 제작할 수 없었던 빈약한 게임 엔진의 사운드 기능

▌성학십도 VR의 시스템 모식도(그림 3)

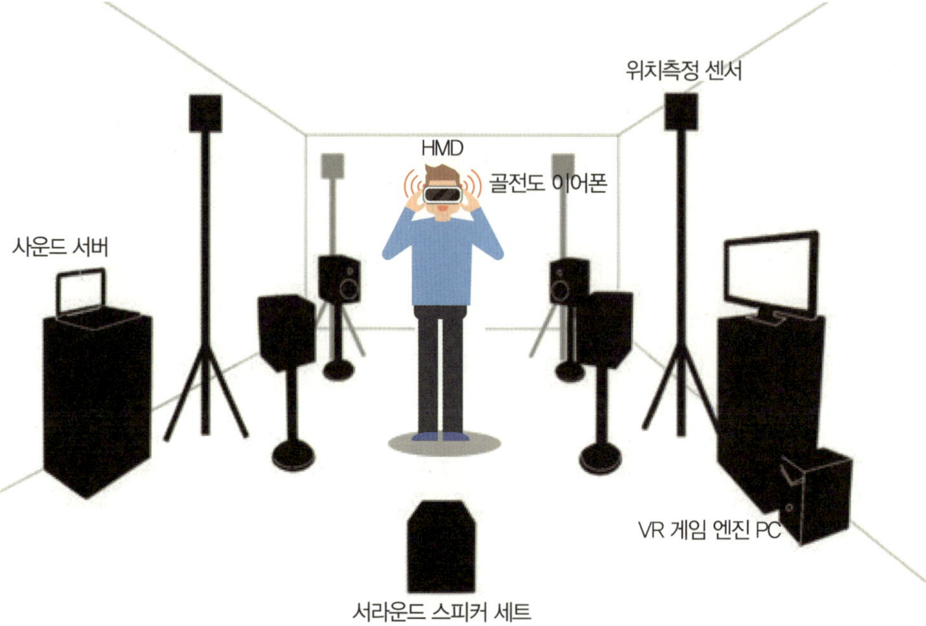

을 대신해 더욱 풍부하고 다양한 사운드 기능을 추가하기 위한 것이다. 사운드 제작에 익숙한 UI를 통해 작업환경이 제공되고 그 결과물이 자동으로 코드화되기에 프로그래머는 이(사운드 엔진)를 통합하는 코딩작업에만 집중하면 된다. 이에 따라 두 분야의 상호의존성을 줄이는 대신 생산성은 높이게 된다.

하지만 여기에서 해당 미들웨어를 사용하는 방식은 결국 하나의 패키지(실행 파일 하나 단위의 소프트웨어)로써 게임파일을 제작하는 데 쓰이기 때문에 사운드 디자이너가 실제적으로 사운드 디자인을 위해 사용하는 업계표준의 VST(Virtual Studio Technology)를 사용하기가 어렵다는 문제점을 갖는다. 다시 말해, 여전히 사운드 디자이너 관점보다는 게임 프로그래머가 편하게 작업하기 위한 방향으로 치중된다는 문제점이 있다. 또한 상기한 미들웨어는 최근 다양한 디지털 가상악기를 탑재하는 흐름인데, 이를 통해 다양한 사운드 효과를 만들어내는 동시에 그것을 컴파일하여 제공하는데 VST 제작회사의 라이센스 문제가 걸리기도 하여, 이는 아직 이러한 절차를 자유롭게 사용하지 못하게 만들기도 한다.

성학십도 VR에서 우리는 사운드 디자이너가 일반적으로 기존 DAW(Digital Audio Workstation)에서 제작하는 방식의 오디오 퀄리티를 유지하고, 다양하고 디

▌일반적인 VR 어플리케이션의 사운드 처리 흐름(그림 4)

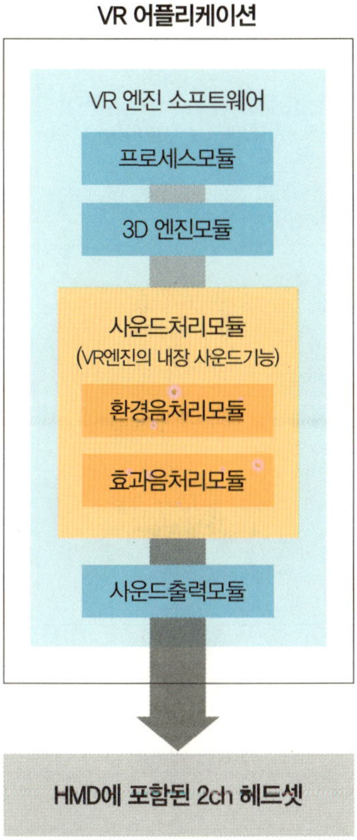

기존 시스템

기존의 VR 어플리케이션은 사운드를 처리하는 방법이 프로그래머에 의해 전담되거나 사운드 엔지니어가 따로 존재한다 하더라도 사운드 엔지니어는 제작된 사운드 파일을 전달하여 간단하게 재생하는 방식의 제작방법을 가진다. 이에 의해 사운드 엔지니어의 제작의도가 완벽하게 전달되지는 못한다. 이는 사운드를 처리하는 VR 어플리케이션이 하나의 컴파일된 프로그램으로 만들어져야 하기 때문에 발생한다. [그림 3]과 같이 VR 사운드 엔진은 VR 어플리케이션 내에 종속되게 된다.

자이너에게 익숙한 디지털 가상 악기를 자유로이 가져와 사용할 수 있는 사용성을 완벽하게 일치하는 가운데, 이를 통해 제작된 오디오 파일이 VR 프로그램(Unity와 Unreal 등)과 평행하게 재생되며 잘 통합될 수 있도록, 사운드 출력 하드웨어 쪽으로의 아웃풋 과정 중간에 통신 가능한 사운드 서버를 자체적으로 제공하는 것을 목표하였다. 이에 따라 본 성학십도 VR 연구팀의 사운드팀은 렌더링된 오디오 파일을 VR 프로그램에서 재생하는 것이 아니라 제작에 사용하였던 사운드 효과를 VR 감상시 실시간으로 적용하여 사용자의 움직임과 공간 구성에 긴밀하게 연결될 수 있도록 만들었다. 그리고 서라운드 사운드와 스테레오 사운드, 이 두 채널을 통하여 다른 분야에서 발전해온 영화와 게임 사운드 개발의 작업절차를 하나의 소프트웨어로 묶는 것보다는 각자의 프로세스를 그대로 따르되 이것을 이을 수 있는 연결고리인 통신 가능한 미들웨어를 만드는 아이디어로 발전시켰다.

그리하여 제작한 시스템은 VR 게임 엔진과 사운드 서버는 모두 통신모듈을

▌성학십도 VR의 병용 사운드 처리 흐름(그림 5)

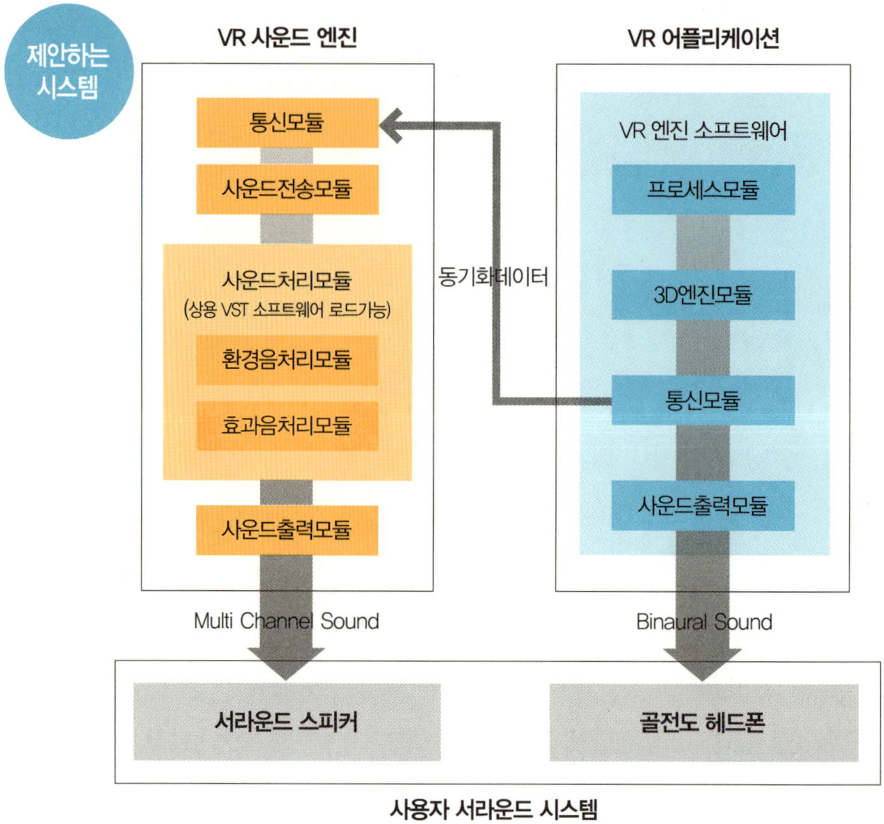

가지고 연결되는 것이다. 당연하게도 한 가지 음원을 두 개의 사운드 시스템이 출력해야 하므로 VR 게임 엔진이 내부적으로는 골전도 이어폰에 기본적인 사운드를 내보내는 동시에, 통신 프로토콜을 통해 메시지를 사운드 서버에 전송한다. 이때 그 통신 프로토콜은 공간을 기준으로 하기로 하였는데, 이는 모든 VR 개발 게임 엔진이 장소를 기반으로 한 씬으로 나뉘게 되며 사운드 디자이너 또한 소리를 결정하는 가장 큰 요소인 공간을 기준으로 하기 때문이다. 이렇듯 두 영역, 두 분야의 공통점을 소프트웨어에 끌어들여와 공간적인 특징을 VR 사운드 제작에 적용하고자 하였다. 그리고 그 결과, 사운드 질에 대한 판단과 결정은 프로그래머가 아니라 사운드 디자이너가 100퍼센트 관장하고, 실시간으로 조절할 수 있게 된다. 또한 그것에 대한 적용시점을 프로그래머가 등록하여 사용하는 방식을 가능하게 하여 쉽게 양쪽 작업을 이어갈 수 있다.

▌성학십도 VR의 공간 중심의 프로토콜(그림 6)

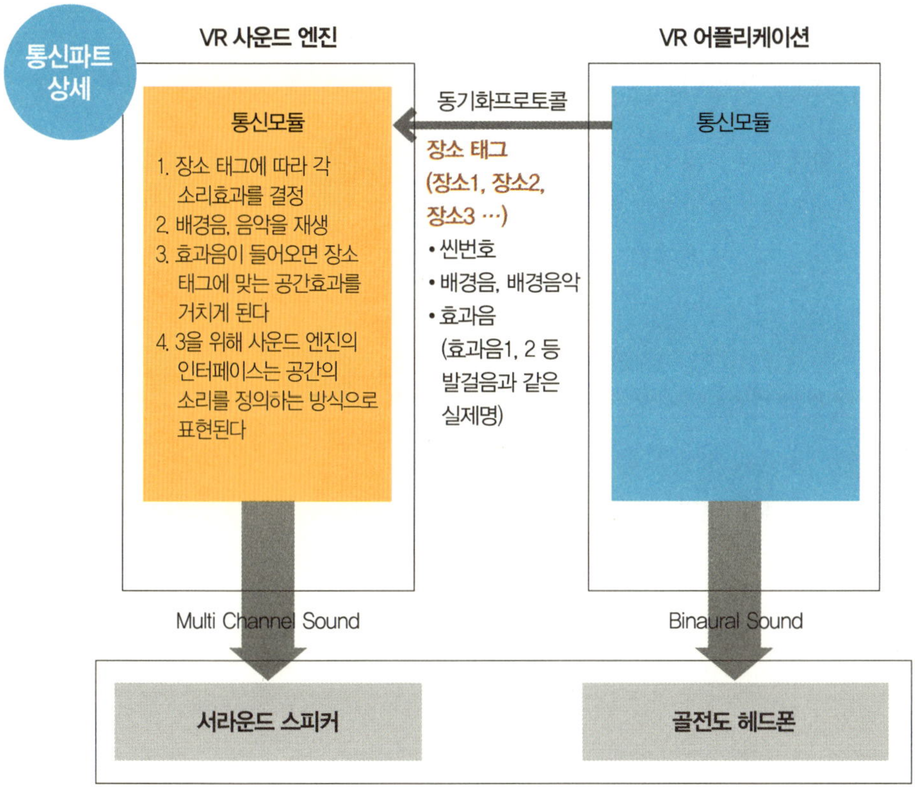

이렇게 성학십도 사운드 연구는 이러한 두 영역의 상이한 개발 상황을 해결하고 보다 몰입감 있는 사운드 체험을 사용자에게 제공하기 위하여, 우선 일반적으로 영화계에서 사용하는 입체음향인 5.1채널 서라운드 사운드(5.1 channel surround sound)와 게임 사운드에서 일반적으로 제작 가능하고 바이노럴 사운드로도 연구되고 있는 2채널 헤드폰 사운드(2 channel headphone sound)를 혼용하여 VR 콘텐츠 개발을 시작하게 되었다.

성학십도 VR 사운드 연출기법과 적용

출력 채널에 표현력에 따른 별도의 사운드 운용 기획

앞에서 현재 대부분의 VR 청취 환경에서는 HMD 기기를 착용하고, 탈부착 가능한 전용 이어폰을 사용한다고 하였다. 하지만 이에는 음질 저하, 초저역 음역대가 재생 불가능한 문제들이 있다. 이로 인해 공간 경험으로의 청취 환경이 축소된다. 또한 VR HMD는 체험자의 머리 회전 등을 반영하여 체험자에게 보다 실재감 있는 사운드를 제공하고자 하지만, 한편 이것만으로는 공간적으로 존재하는 모든 소리를 실제적으로 재현하기 어려운 시스템이기도 하다. 만약 실시간으로 머리전달함수(HRTF)를 통하여 체험자의 머리 회전을 적용시키면 보다 자연스러운 사운드 경험을 이끌 수 있겠지만 공간에 소리의 변화를 이끄는 요소는 매우 다양하기 때문이다. 그리고 이러한 실재감을 만드는 모든 요소를 컴퓨터상에서 제작하고 적용하여 렌더링하기는 쉽지 않기도 하다. 이에 따라 본 연구에서는 VR 상황에서 필요한 음원파일을 표로 정리하여 서라운드와 바이노럴 사운드를 병렬적으로 사용할 경우 두 환경의 선택 기준을 만들었으며 두 가지 음향장비를 사용할 때의 음향적 효과를 정리하여 다양한 방법으로 연출적인 요소를 기획하였다.

재생환경에 따른 표현력 구분

구분	저음표현	공간표현	회전적용
골전도 이어폰	×	×	○
서라운드 5.1ch	○	○	×

상기 표는 본 연구에서 시도한 재생환경 구분에 따른 골전도 이어폰 사용과 서라운드 사용에 대한 구성 기획을 위해 정리해본것이다. 여기서 저음표현은 깊고 밀도감이 있는 환경음을 서라운드를 통해 전달된다. 저음표현은 몰입감의 측면에서 100hz 아래의 초저역 주파수를 재생하여 웅장함을 전달함은 물론 사용자가 몸으로 느낄 수 있는 판타지 경험을 제공할 수 있기에 중요하게 활용될 수 있다. 또한 위와 같이 전체적으로 서라운드와 개별 입체 사운드가 혼용되어 전달되나, 시스템상으로 분리되어 패러렐로 출력되는 방식을 사용할 경우 컴퓨팅 환경에서도 VR 체

■ 성학십도 VR – 태극도에서 오행의 움직임을 역동적으로 표현한 부분(그림 7)

험자의 움직임에 따라 머리회전에 반응하는 사운드로 변화할 필요가 없는 고정된 사운드를 서라운드의 고정된 스피커에 출력하는 편의성도 갖추게 된다. 또한 이들을 따로 머리회전에 반응키 위해 머리전달함수를 통해 계산되는 이어폰 포맷인 2채널로 변환할 필요가 없게 되는 것이다. 대신 체험자가 고개를 돌리더라도 사운드는 이미 재생되고 있는 스피커 위치에 고정된 채 전달된다. 따라서 HMD에 장착되어 있는 이어폰만을 사용하는 경우보다 더 간편하게 몰입감 있는 음원세작을 가능게 한다.

성학십도 VR 프로젝트를 시작하며 처음으로 제작한 '태극도(太極圖)'는 두 출력소스를 구분해 사용해야 함을 느끼고 기획을 시작했던 도이다. [그림 7]은 '태극도'에 나오는 다섯 개의 권 중 제3권이다. 이 권은 VR 내에서 그림의 좌측으로 보이듯 양이 변하고 음이 합하여 오행(목(木), 금(金), 화(火), 토(土), 수(水))이 생성되고 이들이 뫼비우스 모양으로 회전하며 떠다니는 장면으로 기획되었다. 여기서 각 오행이 사용자를 중심으로 뫼비우스 띠처럼 회전할 때 사운드적으로는 각 물질에 해당되는 소리(물, 불, 금속, 나무, 흙)가 매핑되어 사용자를 중심으로 역동적인 움직임을 표현하게 된다. 하지만 동시에 각각의 소리는 한데 모여 마치 음악의 트랙처럼 활용되는 가운데 전체적으로 어우러진 하나의 음악으로 만들어질 수 있는 사운드를 디자인하였다. 이러한 연출을 위해 일반적인 게임 엔진에서는 스테레오가 아닌 모노파일을 입력하여 실시간으로 사용자와의 거리를 계산하여 실시간으로 2채널의 헤드폰에 맞게 렌더링하여 사운드를 출력한다. 하지만 성학십도 VR에서는 몰입감 있는 사운드 제작을 위해 가상의 정면을 가정하여 사운드 디자이너에게 익숙한 서라운드 오디오 채널의 스피커로 배경음에 해당하는 오디오 파일을 제작하도록 하고, 그 외의 이 장면에서 재생되어야 하는 내레이션, 지시음, UI 사운드 등을 골전도 이어폰으로 나누고 재생환경의 시점을 동기화하여 자연스럽게 밀도감 있는 소리와 정보의 전달을 동시에 전달하였다. 이 '태극도' 제3권의 사운드적 연출은 본 연구팀이 처음 시도해본 사운드적 접근이었다. 그리고 이후 각 도에서도 동일한 방식의 사운드 기획이 이루어지며 어떠한 출력 채널을 통해 적합한 소리를 전달하는지가 중요한 제작에서의 접근과 결정이 필요한 부분으로 자리잡게 되었다.

골전도 – 서라운드 간 상보적 출력을 통한 사운드 기획

성학십도 사운드를 제작해가면서 두 채널의 구분된 사운드 채널 이외에도 두 채널을 동시에 사용하여 다양한 사운드를 기획하는 아이디어와 시도가 계속 이어졌다. 그 중 양질의 사운드를 사용자에게 제공하기 위해 두 사운드 출력 체계를 상보적으로 사용하여 사운드의 연출을 제작할 수 있는 기획 아이디어도 생기게 되었다. 예를 들어 사용자가 내레이션 지시음을 골전도를 통해 듣게 되고, 주변의 바람소리가 그에 협응하는 씬이 기획 아이디어로 결정되었다. 이를 사운드적으로 연출할 때 양쪽 사운드를 서로 다른 출력 채널에 배치하되, 하나의 이어지는 소리를 상보적으로 운용할 수 있게 할 수 있다. 또한 음상이 머리안에서 맺히는 골전도 이어폰의 특성을 이용하여 플레이어의 심상 안에 있는 내재적 사운드를 구분하여 사용할 수도 있

▌골전도 – 서라운드 간의 시간에 따른 소리표현(그림 8)

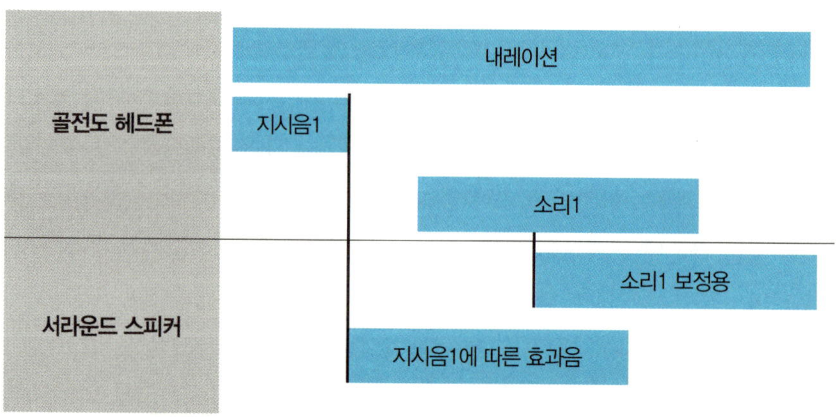

▌성학십도 VR – 서명도의 상도(그림 9)

을 것이라 생각하였다. 이를 확장시켜 [그림 8]처럼 소리1이 골전도로 출력되는 일정 시간 후 소리1의 보정음을 서라운드 스피커로 출력하여 거리적으로 이격된 소리를 자연스럽게 연속적으로 표현하는 여러가지 청각적 연출 요소를 상상할 수 있게 되었다.

성학십도 VR의 제2도 '서명도(西銘圖)'는 이러한 출력 체계를 자리잡고 위의 연출적 방법을 연구하기 시작한 도이다. [그림 9]는 '서명도' 상도의 '건칭부 곤칭모(乾稱父 坤稱母)' 파트이다. 여기에는 두 가지 뜻이 있다. 첫째, 건칭부, 곤칭모 즉 하늘과 땅이 만나듯 아버지와 어머니가 만나 나를 이루었다는 뜻이다. 둘째, 천지기수오기성(天地之帥吾其性), 즉 하늘과 땅을 이끄는 같은 원리가 나 역시 이끌고 있으며, 천지기색오기체(天地之塞吾其體), 즉 하늘과 땅을 가득 채운 같은 물질이 나를 이루고 있다는 이론을 제시하고 있다. 다시 말해 부모가 나를 만들 듯, 하늘과 땅의 원리와 물질이 나를 구성했다는 것이다. 우리는 이 부분을 성학십도 원문에서의 글씨와 구조를 떼어내어 VR 내에 옮겨오는 한편, X자를 중심으로 펼쳐 있는 네 글자 위에 떠있는 네 개 각각의 구체가 마치 영혼처럼 사용자(VR을 체험하는 일인칭 시점의 '나'에 해당되는 주체)가 위치한 방향으로 날아와 흡수되도록 기획하였다. 이때 이를 구현하는 사운드적 연출은 효과음의 출력으로 이들이 서라운드 스피커를 통해 출력되는 기본적인 구조를 취하고 있고, 그 외의 정보전달을 위한 내레이션은 골전도를 통해 전달되도록 하였다. 하지만 여기서 두 출력 시스템의 상보적인 효과를 만들어내기 위해 저음이 큰 비중을 차지하여 사용자에게 날라오는 소리를 재생하고 사용자에게 흡수되는 순간 골전도를 통해 나머지 위치적인 소리의 요소와 개인에게 흡수되는 효과음을 연속적으로 배치하여, 멀리 있는 구체가 마치 내 몸에 흡수된 듯한 느낌을 받게 하고자 하였다. 이는 대체로 저음은 깊은 울림을 주는 소리로 다가오지만 방향성이 없는 단점을 연속적인 골전도 소리를 통해 해소하는 한편, 골전도 이어폰을 통해 음상이 맺혀지는 소리가 머리 안에서 종결됨으로써 외부에서 내부로 소리가 이동한 듯한 신비한 효과를 만들어주기 위한 기획이었다. 성학십도 VR을 체험해본 사용자들은 이 부분에 좋은 평가를 전달해주었다. 기존 실감 오디오 시스템에서도 상, 하, 좌, 우의 움직임을 더 세세하게 표현해주는 시스템은 많이 있지만, 사용자의 움직임에 따라 내・외부가 이동하고 연결되는 표현이 가능하다는 것은 성학십도 VR이 연출한 특이점이다. 연구팀에서는 이러한 연구 결과가 실제 체험자에게 어떻게 전달되는지 인상 깊게 받아들였고, 이는 지속적으로 사운드 연출 기획에서 새로운 시도를 해 나갈 수 있게 하는 원동력이 되었다.

골전도 – 서라운드 간 정보의 단절을 통한 전시 효과

일반적으로 VR 콘텐츠는 VR 장비가 소수에게만 체험가능한 구조이기에 설치된 컴퓨터에 제한적인 사람이 참여하게 되는 구조이다. 따라서 많은 전시장에서는 현재 VR을 체험하고 있는 사람을 보는 주변 관객으로서의 참여자 또한 존재하게 된다. 또한 그 관객은 기다렸다가 후에 VR을 체험할 수도 있지만, 시간적 제약과 관심도에 따라 단지 주변 관객으로서의 경험에 그칠 수도 있다. 이에 따라 성학십도 VR은 이러한 관객을 위하여 VR 환경 밖 참여자들도 일정 부분 작품을 감상할 수 있게 하는 것도 중요하다는 생각을 가지게 되었다. 전시장에서 이는 흔히 VR 장비와 함께 VR 체험자 주변에 설치되는 영상 프로젝션 혹은 모니터 출력을 통해 현재 VR 체험자가 바라보는 공간과 시야를 보여주는 영상 아웃풋을 통해 제공되곤 한다. 그러나 본 연구팀은 이를 오디오적으로도 보다 풍부히 제공할 수 있을 것이라 생각하게 되었다. 특히 서라운드 채널의 특성상 모든 소리를 VR을 현재 체험하는 관객과 그 관객을 바라보는 주변 관객까지 함께 공유할 수 있기 때문이다. 앞으로 콘텐츠를 즐길, 체험하는 관객을 바라보는 주변 관객에게 대기하는 동안 체험할 콘텐츠에 대한

▌VR을 체험하는 사용자와 그 사용자를 바라보는 관객(그림 10)

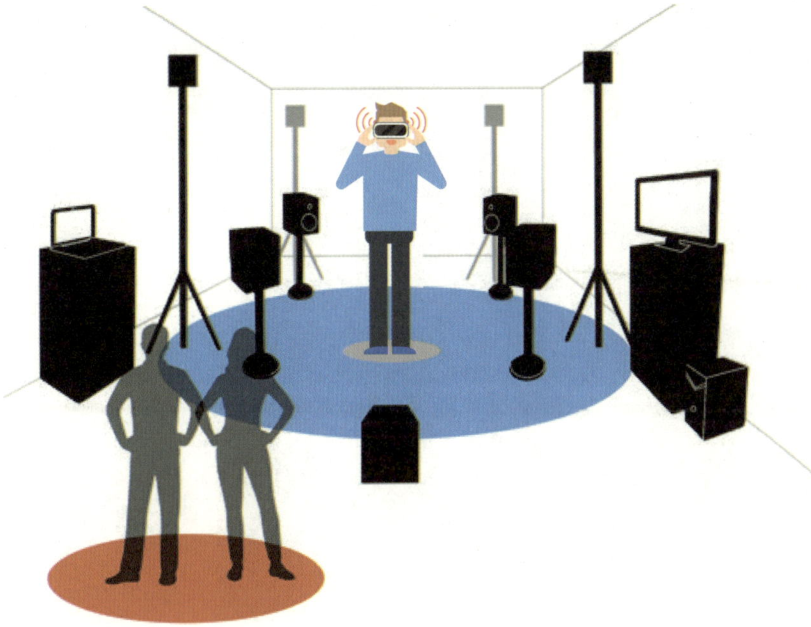

기대효과를 주는 동시에, 대기 시간이 지루하지 않게 하거나 함께 감상할 수 있는 환경을 제공하는 부분까지 고려해서 콘텐츠를 기획하고자 한 것이다.

성리학의 상상적 공간 속에서 연구팀은 이러한 간접적인 체험 또한 전시의 일부가 되기를 원하였다. 그리하여 사용자는 일종의 가상환경의 카메라맨이 되어 그것을 바라보는 체험자 또한 스크린에 겹쳐진 일종의 연극이기도 하였다. 또한 그 연극의 배우가 돌아다니는 공간에서의 사운드 연출은 직접적인 VR 내부에서의 수행적인 측면을 떠나서 감상의 영역으로 분위기를 파악할 수 있는 사운드가 연출되는 구조를 기획하고 제작하였다.

성학십도 VR의 제2도 '서명도(西銘圖)'에서는 앞서 말한 것과 같이 추상적인 관념을 표현하는 구체가 사용자에게 날라오는 '상도(上圖)'를 보고 난 후 '하도(下圖)'에 진입하게 된다. '하도'는 다양한 이야기가 등장하는 4개의 족자가 가상환경에 배치되어 VR 사용자가 가까이 족자에 다가가게 되면 그림으로 구성된 이야기를 보는 구조로 되어 있다. 서명도 하도의 족자를 바라보는 장소는 바람이 부는 나무가 가득찬 공간이다. 이 공간에서의 시각 영상적 체험과 더불어 사운드 팀은 바람소리와 나뭇잎 스치는 소리를 중심으로 사용자와 사용자를 바라보는 관객이 함께

▌성학십도 VR 서명도의 하도(그림 11)

들을 수 있는 소리의 공간을 구성하고자 하였다. 또한 VR 사용자에게는 그녀가 이동하게 되면 수풀을 걷는 발자국 소리를 스스로 들을 수 있도록 하여 신비로운 세계를 표현하고자 하였다. 이는 바람부는 나뭇잎 소리, 즉 환경음을 서라운드 스피커를 내보내는 가운데, 성학십도에 대하여 소개하는 내레이션 외에 VR 사용자가 족자에 근접하여 위치할 때 나오는 소리를 그녀의 골전도 이어폰에 출력하여 족자 속에서 펼쳐지는 애니메이션과 관련된 사운드는 외부 관객은 들을 수 없으며 오직 VR 감상자만 들을 수 있도록 처리하였다. 이는 대기 중인 사용자에게 이렇듯 정보의 일부를 제한하여 전달하며, 실제 VR 참여시 들어야 할 내용과 차별을 주도록 한 기획이다. 이렇듯 관객은 제한된 정보전달을 통해 대기시 기대했던 호기심을 VR을 실제 체험하며 충족할 수 있다. 이는 소극적으로 사용자를 바라보는 관객 또한 추상적인 사운드 스케이프로서의 VR이 보여주고자 하는 세계를 음악적으로도 감상할 수 있는 새로운 장을 마련하려 한 것이기도 하다.

공간을 기준으로 한 사운드 서버 활용 기획

같은 소리라도 우리는 어떠한 공간에 위치하여 출력하느냐에 따라 다른 소리를 듣게 된다. 넓은 운동장 한가운데서 친구와 이야기할 때와 깊은 동굴에서 이야기할 때는 전혀 다른 울림이 생긴다. 이렇게 소리의 질감은 공간에 기준한다. 그리고 사운드 디자인은 많은 경우 그러한 장소의 변화를 고려하여 접근된다. 또한 씬을 만들어 게임을 개발하는 프로그래머도 공간을 기준으로 한다. 그러기에 공간은 사운드 디자이너와 VR 엔지니어와의 교집합되는 부분이라 생각할 수 있다. 우리는 이러한 '공간'을 기준으로 미들웨어(middleware)를 만들어 게임엔진과 통신하게 하였다. 그리고 이를 통해 가상의 공간에서 더욱 풍부하고 몰입적인 이머시브 사운드를 연출 할 수 있게 하였다. [그림 12]에서와 같이 파란색의 공간에서 빨간색의 공간으로 이동하게 되면 같은 소리라도 전혀 다른 공간적인 특성을 가지고, 이에 따른 소리의 변화를 실시간으로 조절할 수 있도록 제작하였다.

성학십도의 제3도 소학도(小學圖)는 인의예지신(仁義禮智信)의 어린 시절 경을 공부하는 법을 학습하는 도이다. 우리 성학십도 VR에서는 인의예지신을 한 개의 게임과 네 개의 에피소드로 나눠 기획하였다. 특히 의예지신에 해당되는 에피소

▌VR 사용자의 공간이동(그림 12)

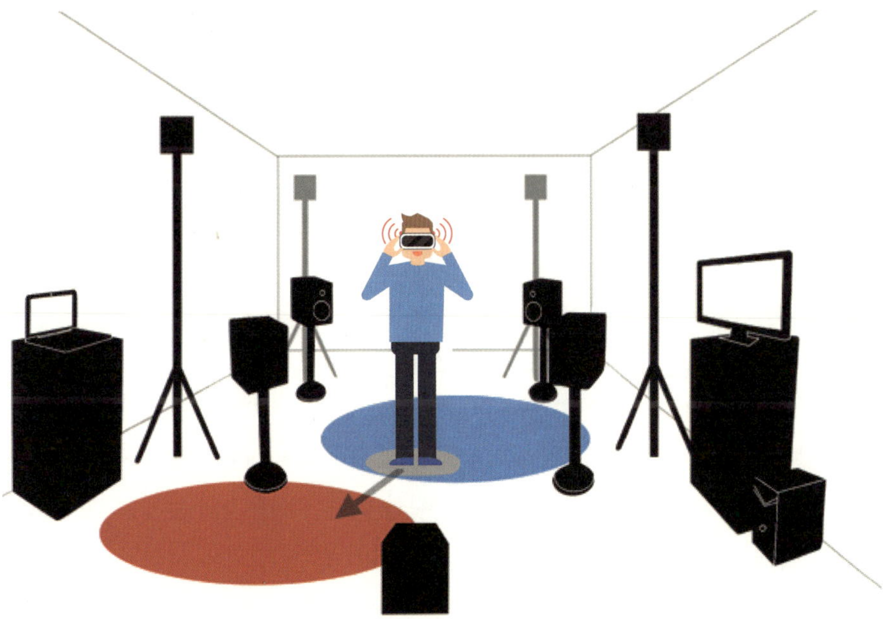

▌성학십도 VR의 소학도(그림 13)

드는 다양한 공간을 이동하며 감상하게 된다. [그림 13]은 이 중 지(智)에 해당하는 씬이다. 이 지(智)의 씬은 VR 감상자가 살짝 열린 문을 열고 마루로 나가며 시작된다. 마루에서 혼자 TV를 보고 있는 한 아이를 감상하게 되는 것이다. 여기서 방문 밖에서 들리는 TV 소리는 로우 패스 필터가 적용되어 고음역이 깎인 채 들리는데, 문을 열고 들어가면 방 안에서는 듣지 못하던 고음이 많아지고 보다 명료한 TV 소리를 듣는 공간으로 변화한다. TV 소리는 같은 음원을 재생하고 있으나, VR 사용자의 공간상의 움직임에 따라 TV 소리의 질감을 실시간으로 변경하여 적용시켜 공간의 변화를 사용자들에게 인식시키는 것이다. 이러한 사운드 연출은 모든 도에 지속적으로 적용될 계획이며, 앞으로도 남은 도들에도 이러한 방식의 VR에서의 사운드 연출방법론을 새롭게 시도할 계획이다.

VR에서 새로운 몽타주로서의 사운드

우리는 VR이 아니라도 일반적인 미디어를 통해 충분히 몰입이 가능한 시각적 미디어 경험 속에 살고 있다. 실로 미디어의 발전과 더불어 사용자의 눈을 화면에 고정시키기 위해 수많은 시각적 요소가 함께 발전되어 왔다. 영화의 분리된 컷을 이용해 우리는 시공간을 넘나들기도 한다. 그 속에서는 주인공이 고개를 돌린 자리를 카메라가 비추어주면 마치 우리가 고개를 돌려 다른 사람을 보는 듯한 착각에 빠지게 유도된다. 우리는 오랫동안 이처럼 많은 영화감상 경험을 통해 몽타주로서 연속적으로 배열된 각각의 이미지를 맥락화하여 감상할 수 있는 능력을 발전시켜 왔다. 그리고 그 안에서 사운드 역시 그러한 경험에 맞게 보조적인 요소로 활용되어 왔다.

하지만 몽타주의 점프컷처럼 자유로이 이동하고 공간을 넘나드는 이미지와 달리 소리는 소리가 나는 바로 그곳에 늘 존재한다. 우리는 소리로 먼 곳을 이동할 수 있기보다는 먼 곳에서 나는 소리를 들으면 먼 곳을 상상할 뿐이다. 우리가 걸을 때 발의 움직임에서 만들어진 소리는 발의 위치에서 출발하여 귀로 도착한다. 시끄러운 카페 안의 웅성거림의 주인공들은 개별적인 사람들 하나하나이다. 그렇게 개별적인 소리들이 모이고 쌓여서 전체적인 공간의 사운드를 만들어간다. 가상 현실은 이러한 현실을 모델링한다. 그렇기에 가상 현실은 기존 미디어와는 다르게 우리의 청각 경험을 소리의 근원지로 이끌어낼 수 있다. VR 관람자가 자유롭게 움직이며 원하는 물체에 귀를 기울일 수 있게 하기 때문이다.

빛은 광속의 속도로 우리 망막에 맺히기 때문에 눈에 보이는 모든 물체는 동시에 전달되며 그 이미지가 뇌에서 조직되어 한 장의 사진처럼 인식된다. 하지만 소리는 빛에 비해 많이 느리며 파동으로 전달되기에 하나의 소리가 발생하면 빛처럼 동시성을 가지고 작동하기보다는 일정 시간을 가지고 전달된다. 우리가 소리를 발생시키면 직접 귀로 들어오는 소리뿐만 아니라 바닥, 천정 등 반사될 수 있는 매질의 거리와 특징에 따라 귀에 들어오는 시간의 차이도 생겨난다. 그리고 차이는 감상자가 위치한 공간에 따라 전혀 다른 사운드의 질감으로 다가온다. 공간에 따라 같은 소리의 근원이라도 다양한 울림이 느껴지는 것이 그런 이유이다. 그러기에 가상환경에서 음향 환경을 실제로 모델링하는 일은 생각보다 복잡하고 섬세함을 요구한다. 우리 성학십도 VR 연구에서는 이러한 어려움을 기존에 존재하는 골전도 이어폰과 서라운드 사운드 스피커, 두 가지의 분리된 채널을 통한 사운드 제작 기술을 융합하여 해결해보려 하였다. 하지만 이 두 채널을 자유롭게 사용한다고 하더라도, 이것을 사용하는 연출을 다양하게 기획하여 콘텐츠를 제작하는 방법론을 구축하는 것 역시 중요하다고 느끼게 된다.

성학십도 VR의 사운드 연출적 시도는 현대의 많은 미디어에서 청각이 가지는 중요성을 다시 한번 확인할 수 있는 계기가 되고 있다. 아직 VR 사운드에 대한 기술적 표준이 존재하지 않는 현재의 시점에서 본 VR의 사운드 연출적 시도와 연구는 일차적으로 구현가능한 자원을 이용하여 양질의 콘텐츠를 '어떻게' 만들지 그 제작 방법론을 모색하는 역할을 하고 있다. 이러한 연구들이 차곡차곡 쌓여서 다양한 미디어의 제작 방법론이 논의되고 구축될 수 있기에 이러한 제작 방법론은 몇 년 후가 될지 모르겠지만 훗날 평면 스크린의 몽타주처럼 누구에게나 익숙하게 감상될 수 있는 하나의 체계로 자리잡을 수 있을 것이라 생각한다. 또 다른 한편, 본 VR 사운드 연구는 성학십도 VR의 경험을 풍부하게 만들기 위해 시도되고 있지만, 동시에 VR 사운드 기술에 대한 개별 연구로서, 그리고 심화 연구로서 역할할 수 있다고 생각한다. 이는 앞으로 VR 사운드 기술에서도 좀 더 나은 기술을 개발하고 발전시켜가는 데 역할할 수 있을 것이다.

미주

❶ https://facebook360.fb.com/spatial-workstation/

❷ 바이노럴 사운드

VR헤드셋을 눈으로 쓰게 되면 두 개의 디스플레이를 눈 앞에 배치하여 영상을 배치하듯이 공간적으로 존재하는 다양한 소리는 결국 두 귀에 모이게 된다. 이러한 특성을 계산하여 입체적인 음향을 만들어주는 방식이다. 물체에서 출발한 소리가 양 귀에 닿는 시간차와 소리의 질감이 달라지는 것을 계산하여 실제 공간에서 음향을 듣는 소리를 만들어준다. Ambisonics sound 기술 중의 하나로 소리를 헤드폰에 맞는 2채널 방식으로 인코딩하는 방식 중의 하나이다.

❸ 머리전달함수(Head Related Transfer Function, HRTF)

동일한 소리를 전방위에서 발생시켜 방향에 따른 주파수 반응을 측정하여 3차원 함수로 정리한 것을 의미한다. 이로써 소리가 음원으로부터 청자의 두 귀에 이르는 정보를 포함하게 되어 반대로 음원파일의 위치를 원하는 가상의 위치에 옮겨 놓을 수 있게 된다.

聖學十圖 VR

탠저블 필로소피: 성학십도 VR

Chapter

04

VR로 경敬 쌓기

현승철, 김현수

매체를 통한 철학적 메시지 전달

조선 중기의 대학자 퇴계(退溪)는 선조(宣祖)가 선정(善政)을 베풀기를 바라는 뜻에서 성학(聖學)을 더욱 쉽게, 그리고 자주 볼 수 있도록 10장의 그림으로 도식화한 성학십도(聖學十圖)를 올린 바 있다. 책으로 접하기에 번거롭고 어려울 수 있는 내용을 10개의 도상이 그려진 병풍의 형태로 제작한 것이다. 이러한 점을 미루어 보아 매체는 그 당시에도 이를 해결하는 데 유용한 수단으로 활용되어 왔음을 알 수 있다.

철학적 개념들은 시대에 따라 달리 해석될 수 있는 여지를 갖고 있는데, 이는 시대적 특성이 당대에 쓰이던 매체, 사고방식 등의 영향을 받아 다양한 담론을 형성하고 있기 때문이다. 따라서 이전에 제시되었던 철학적 개념을 현대의 시각으로 옮기는 것은 결코 쉬운 일이 아닐 것이다. 그럼에도 불구하고 다양한 매체를 통하여 철학을 재해석하는 경향은 급변하고 있는 4차 산업혁명 시대에 이르러 더욱 심화되고 있다.

시대에 따라 변화하는 매체

한편 이러한 어려움 속에서 어떠한 매체를 통하여 철학의 메시지를 전달할 것인지 선택하는 것은 그리 쉬운 일이 아니다. 다만 이는 기성 매체의 문제라기보다, 시대적 변화와 그 특성에 따른 불가피한 현상으로 보는 것이 적절할 것이다. 가령 오래된 매체 중 하나인 책은 여전히 충분한 존재 가치를 지닌다. 하지만 현대인들은 시청각적으로 이목을 끄는 게임, 영화 등에 비하여 상대적으로 흥미가 떨어진다는 이유로 선호하지 않기도 한다. 더욱이 어릴 때부터 첨단 장비를 접하게 되는 요즘 세대의 청소년들에게는 이러한 경향이 더욱 심화되고 있다.

이처럼 사람들의 가치관과 사고방식은 시대에 따라 변화할 수 있다. 하지만 오늘날 고전(古典)이 지니고 있는 큰 가치가 여전히 유효함에도 불구하고, 현대인의 관심에서 점차 멀어지고 있는 상황은 분명 아쉬움을 자아낸다. 따라서 고전 철학을 현대의 특성이 반영된 전달하는 시도가 필요한 시점이 되었다. 말하자면 기존의 것들을 바탕으로 철학을 전달하는 매체의 층위를 새로이 형성하는 것이다. 여러 매체를 들 수 있겠지만, 첨단 매체 기술을 접목하는 게임 혹은 영화 등이 그러한 양상을 보이고 있다. 특히 게임은 다행스럽게도 초기의 유희적 수단에 머무르지 않고 점차 메시지를 전달하는 활용 사례를 찾아볼 수 있게 되었다. 나아가 이제는 게임을 관통하는 철학적 문제의식을 적극적으로 드러내는 사례도 어렵지 않게 찾아볼 수 있다.

이제는 베넷 포디(Bennett Foddy)와 같이 철학자 출신 게임 개발자가 활동하고 있는 사례도 어렵지 않게 찾아볼 수 있다. 그는 하반신이 항아리에 갇힌 채 곡괭이 하나로 등반해야 하는 고난이도 게임 〈게팅 오비 잇 위드 베넷 포디(Getting Over It with Bennett Foddy)〉(2017)[1]를 개발하였다. 제목에서 유추할 수 있듯이, 그는 인게임(in-game)에 자신이 생각하는 실패에 대한 철학적 메시지를 직접 내레이션으로 삽입하는 메타(meta)적 게임 디자인을 시도하였다. 이외에도 게임의 철학적 메시지는 다양한 방식으로 담길 수 있는데, 직업, 사건 등을 게임으로 재현하는 시뮬레이션 장르도 메시지를 전하는 사례도 존재한다. 이러한 게임들은 일반적으로 쉽게 찾아볼 수 없는 노동, 행정업무 수행을 중심으로 사회적 문제에 대한 비판이나 이데올로기 등이 반영되어 있다. 가상의 공산국가에서 출입국심사관이 되어 업무를 수행하며 윤리적 딜레마를 경험하는 〈페이퍼 플리즈(Papers, Please)〉(2013),[2] 패스트푸드 기업의 경영 시스템을 비판하는 〈맥도날드 게임(McDonald's Games)〉(2006)[3] 등을 그 예로 들 수 있다. 또는 〈바이오 쇼크(BIOSHOCK)〉[4]처럼 고유한 관점을 담아낸 가상의 세계관을 바탕으로 진행되는 스토리텔링을 통하여 플레이어가 자연스레 메시지를 체득하도록 유도하는 사례도 적지 않다.

물론 영화, 극, 소설 등 기존의 매체들은 게임보다 앞서 철학적 사유를 다양한 방식으로 전달해 왔다. 하지만 게임은 이들과 달리 감상자에게 실시간으로 인터랙션(interaction)함으로써 그 메시지를 더욱 효과적으로 전달할 수 있다는 점에서 주목할 만하다. 이는 다름 아닌 감상자가 게임을 직접 플레이하여 개입하는 덕분에 가능하다. 기존의 매체들은 앉아서 보고 듣는 등 수동적으로 감상하는 반면, 게임은 플레이어가 주인공이 되어 가상 세계 안에서 일어나는 사건의 행위 주체가 된다. 본 연구팀은 이러한 게임의 수행적 속성이 퇴계가 그림을 통하여 전하고자 했던 바를 감상자로 하여금 더욱 충실히 전달할 수 있을 것이라 생각하게 되었다. 성학십도(聖學十圖)는 실천의 철학이기 때문이다.

이처럼 게임을 통한 철학적 사유는 더이상 낯선 시도가 아니다. 하지만 그 기반이 주로 서구적 사고를 바탕으로 현대적 삶에 연결된 이데올로기나 정치적 발언인 경우가 많다. 따라서 그 철학적 시공간의 영역을 확장하는 시도가 필요한 시점이 되었다. 본 연구팀은 이러한 고민 가운데 VR을 그 주된 매체로 선택하였다. VR은 게임 내에서 이루어지는 감상자의 행위를 철학적 메시지와 맥락을 바탕으로 기존의 게임들보다 더욱 유의미하게 구현할 수 있기 때문이다. 성학십도 VR은 동양철학, 그 중에서도 조선의 대표적 성리학자였던 퇴계의 성학십도를 체험자의 행위를 극대화할 수 있는 VR로 구현한다는 점에서 이러한 시대적 요구에 부합하지 않을까 생각하게 되었다. 그렇다면 VR은 어떠한 원리로 체험자의 행위를 활용하기에 본 연구팀의 의도에 부합하는 매체로 채택된 것일까?

룸 스케일room scale과 VR, 가상과 현실의 매개체

VR(Virtual Reality), 이름 그대로 '가상 현실'을 의미한다. 아이러니하게도, VR을 통한 가상 현실 구현은 현실의 공간을 기반으로 이루어진다. 많은 사람들이 VR을 떠올릴 때 현실에서 경험할 수 없는 환상적인 공간에서 다양한 존재들과의 상호작용을 기대하곤 한다. 하지만 앞서 언급하였던 물리적 조건이 충족되지 않는다면, 우리가 기대하는 VR 경험은 사실상 불가능에 가까울 것이다. 체험자의 이러한 실제 공간에 대한 인지는 가상 공간 체험에 대한 진입 장벽과 거부감을 낮추는 데 도움을 주기도 한다. 따라서 체험자가 자유로이 활동할 수 있는 VR 공간을 구현하기 위해서는 가상, 현실 이 두 영역의 조건이 모두 고려되어야 한다. 이후 자세히 설명하겠지만, 성학십도 VR 역시 이러한 물리적 공간을 마련하는 것이 반드시 필요했다.

이때 필요한 것이 룸 스케일(room scale)이다. 룸 스케일은 현실 속에서 체험자가 활용할 수 있는 공간을 VR 기기에 내장된 센서로 파악하여 각 센서가 인식하는 만큼의 가상 공간을 구현하는 기능을 갖고 있다. 즉, 현실 공간 크기를 가상의 공간 크기로 동기화하는 것이다. 가령 체험자가 실제 공간에서 1m를 이동하면 가상 공간의 캐릭터와 카메라를 동일하게 이동시켜 체험자가 실제로 움직인 것처럼 느껴지도록 하는 것이다. 이처럼 룸 스케일은 체험자가 몰입하는 데 매우 중요한 역할을 수행한다. 실제로 게임 유통 플랫폼인 스팀(steam) 조사에 따르면 VR 플레이 중 80% 이상이 룸 스케일을 사용하고 있다고 응답했다고 한다. 따라서 본 게임에서도 룸 스케일을 기반으로 체험자와 인터랙션할 수 있는 가상 공간을 만드는 작업을 진행해야 했다.

▌룸 스케일 설명 이미지

룸 스케일은 HTC사에서 제공하는 룸 스케일 프로세스(room scale process)를 통하여 설정할 수 있으며, 최소 2m×1.5m의 플레이 영역이 필요하다. 때때로 성학십도 VR이 외부 시연에 초청되어 참여하게 될 때마다 시연 장소의 여건이 달라지곤 하여 룸 스케일의 조정이 필요하기도 했다. 실제로 본 연구팀이 시연한 장소는 매우 좁은 공간과 상대적으로 넉넉한 크기의 공간이 있었는데 그때마다 룸 스케일을 통한 조정을 3m×2m 또는 2m×1.5m로 유연하게 적용시켜 체험자가 가상 공간에서 제약 없이 활동할 수 있도록 세심히 조정해야 했다.

이러한 룸 스케일 시스템을 구동하기 위해서는 VR 기기가 필요하다. 구성과 기능은 다음과 같다. 현재 본 연구팀이 사용하고 있는 VR은 HTC사의 Vive Pro다. 이 기기는 PC를 기반으로 작동하며, 크게 헤드셋(보통 HMD(Head Mounted Display)라고 하는 장치를 HTC사는 헤드셋이라 표기한다), 컨트롤러, 베이스 스테이션으로 구성되어 있다.

헤드셋은 체험자의 양쪽 눈에 각각 1440×1600 픽셀의 디스플레이를 제공하

▌Vive Pro의 하드웨어 구성

여 결과적으로 2880×1600 픽셀의 해상도를 감상할 수 있도록 제작되어 가상 공간을 인간의 시야각과 다름없이 보여주며, 양측에 장착된 오디오 헤드셋으로 사운드를 제공한다. 이 헤드셋에는 6축으로 구성된 자이로스코프(gyroscope)와 가속(acceleration) 센서, 위치(position) 센서가 내장되어 체험자의 움직임을 감지할 수 있다.

다음으로 체험자의 손과 도구가 되어줄 컨트롤러(controller)는 각각 하나씩 양 손에 쥐어 조작할 수 있다. 컨트롤러는 트리거(trigger)를 비롯한 각종 버튼을 조작하여 게임 시스템과 실시간으로 인터랙션하고, 그에 따른 피드백을 진동으로 받을 수 있는 주된 입출력장치이다. 여기에는 SteamVR 트래킹 2.0 센서가 내장되어 다음에 설명할 베이스 스테이션(base station)의 추적에 따라 VR 화면상에서 이동하는 3D 오브젝트로 구현되어 사용할 수 있는데, 이 덕분에 체험자는 컨트롤러를 통하여 가상 공간에서 물체를 잡거나 놓고, 멀리 던질 수도 있다. 이는 본 게임 개발에 활용된 게임엔진 Unity 3D에 실제 물리 공식이 적용된 물리엔진인 NVIDIA사의 PhysX가 내장되어 있어 사실적인 물리 반응 시뮬레이션이 가능한 덕분이다. 실제로 많은 체험자들이 가상 물체를 잡고 던질 수 있는 인터랙션 시스템에 가장 흥미를 느꼈다고 응답한 바 있다. 일반적으로 체험자는 가상 공간에 들어섰을 때 실제와 같은 경험을 기대하며, 이에 부응하는 반응을 접했을 때 더욱 흥미를 느끼기 때문이다.

마지막으로 룸 스케일의 핵심인 2개의 베이스 스테이션은 HMD와 컨트롤러에 내장된 센서를 통하여 체험자의 위치 및 동작을 실시간으로 추적한다. 이는 우리 연구가 사용하고 있는 HTC Vive와 다른 VR 장치들과의 가장 큰 차이점이라 할 수 있다. 여타 VR이 한 곳에 고정된 위치에서 사용자의 머리 회전과 움직임만을 감지한다면, HTC Vive는 사용자 신체의 실제 공간상의 움직임까지 추적하여 담아낼 수 있기 때문이다. 정리하자면, HMD는 가상의 공간에서 체험자의 눈이 되어주고, 컨트롤러는 신체와 도구가 되어주며, 베이스 스테이션은 룸 스케일과 함께 체험자의 동작을 가상 공간에 동기화시켜주는 역할을 수행한다고 할 수 있을 것이다. 이처럼 VR 체험을 위해서는 가상 공간 구현뿐 아니라 이를 뒷받침해줄 실제 공간과 하드웨어, 소프트웨어 등을 비롯한 실제 공간에서의 시스템을 마련하는 것 또한 매우 중요하다고 할 수 있다. 성학십도 VR은 퇴계의 메시지를 현대적으로 재구성하는 데 있어서 이러한 VR 시스템의 고유한 특성을 유의미하고도 충분하게 이끌어내기 위한 연구 및 제작에 박차를 가하고 있다. 본고 역시 이러한 연구 활동의 일환이라 할 수 있다.

메시지 전달을 위한 VR 변주

성학십도 VR은 현대사회에서 자기 자신을 돌보는 데 인색하거나 어려움을 겪고 있는 이들에게 다가가고자 했다. 이를 위해서는 낯설고 어렵게 느껴지는 퇴계의 성학십도를 현대적 시각으로 재해석하여 더욱 쉽고 흥미롭게 감상할 수 있도록 유도하는 시도가 필요하다. 상술하였듯, 본 연구팀은 이러한 면에서 매체가 중요한 역할을 하리라 생각하고 있으며, VR을 기반으로 다양한 형태의 콘텐츠를 제작 구현하고 있다. 성학십도 원전이 10개의 도(圖)로 구성된 만큼 성학십도 VR 역시 각각 10개의 단편 VR로 제작되고 있으며, 각각의 단편 VR은 감상하는 데 약 10~12분 정도가 소요된다. 따라서 전체 감상에 긴 시간이 필요하기에 여러 유형의 콘텐츠를 통하여 각 도(圖)가 가진 메시지를 체험자들에게 효과적이고 흥미롭게 전달할 필요가 있다. 긴 플레이타임을 요구하는 AAA 게임은 종종 특정 스테이지를 퍼즐, 레이싱 등 기존과 다른 방식으로 구성하는 변주를 가한다. 이는 한 게임 내에서 지속적으로 같은 플레이하던 체험자에게 이전과는 다른 방식의 스테이지를 제공함으로써

▌성학십도 VR 2도(圖) 서명도(西銘圖) 하권(下卷) 감상화면. 체험자가 족자에 다가가면 족자 내에서 애니메이션이 재생되는 방식이다

유사한 패턴을 반복하게 되었을 때 자칫 지루해질 수 있는 게임 플레이를 환기해 주는 역할을 한다. 이러한 변주는 게임의 스토리텔링, 규칙, 구조 등과 밀접하게 연관되어 있어 기존방식으로는 풀어내기 어려울 수 있는 것들을 더욱 쉽게 해결할 수 있게 돕기도 한다.

이 글에서 다루게 될 성학십도 VR 3도(圖) 소학도(小學圖)의 인(仁)은 바로 이러한 의도를 바탕에 두고 있다. 본 콘텐츠는 현재까지 제작된 성학십도 VR의 여러 단편 중 VR의 특성을 바탕으로 체험자의 수행성을 적극적으로 활용하여 게임으로 제작된 첫 사례라는 점에서 그 의의를 찾을 수 있다. 이는 체험자의 행위가 크게 강조되는 콘텐츠라 할 수 있다. 다음 장에서 설명하겠지만, 소학도(小學圖)에서 가장 중요한 것은 다름 아닌 '실천' 이기 때문이다. 앞서 언급하였듯, 오늘날 제작되는 많은 시뮬레이션 게임들은 업무 수행을 통하여 철학적 메시지를 전달하고 있지만, 대부분 마우스와 키보드 조작을 통하여 이루어지기 때문에 몰입적 경험을 제공하는 데 어려움이 따를 수 있다. 따라서 본 게임은 체험자의 실천을 반영해 줄 수 있는 VR을 통하여 성학십도의 메시지를 재구성하고자 하였다. 그러므로 3도(圖) 인(仁)

게임이 하나의 게임으로서 갖는 특징과 함의를 다루기에 앞서, 이것이 성학십도 VR의 전체 구조에서 어떻게 위치하고 있는지 명확하게 짚어볼 필요가 있다.

성학십도 VR에서의 3도圖 소학도小學圖

성학십도 VR의 세 번째 단편인 3도(圖) 소학도(小學圖)는 인(仁), 의(義), 예(禮), 지(智) 총 4개의 단편들로 구성되어 있다.

소학도(小學圖)는 퇴계가 성학십도 전체에 걸쳐 전달하고자 하는 경(敬)을 익히기 위한 학습지침서의 한 챕터로서 어린아이들에게 경(敬)을 익히고 가르치는 장이다. 인(仁)은 자신의 공간을 직접 청소함으로써 자신을 존중하는 기초를 다질 것을, 의(義)는 부조리를 보았을 때 마땅히 느끼는 수오지심(羞惡之心), 예(禮)는 부부간의 역할과 책임을 이해하고 배려하는 시비지심(是非之心), 지(智)는 친구, 동료 간에 신뢰하고 의지하는 붕우유신(朋友有信)을 이야기한다. 퇴계는 소학도(小學圖)를 통하여 자연(自然)이 자신을 스스로 정화하여 만물을 건강하게 하듯, 자연의 일부인 인간 역시 자신이 속한 공간을 직접 깨끗이 정화하는 것이 중요함을 역설하고 있는데, 어린아이에게 실천적인 행동 지침을 가르쳐 바른 습관을 길러주는데 그 목표가 있다. 이러한 정화 행위를 통하여 하늘로부터 받은, 원래 선하고 밝은 본성인 천명(天命)으로 돌아가는 것이다. 따라서 성학십도 VR의 3도(圖) 소학도(小學圖)의 첫 번째 단편 인(仁)은 어린아이의 시선으로 자신의 방을 직접 청소를 하는 것으로 제작되었다. 말하자면 청소 시뮬레이션 게임인 것이다. 이를 통하여 체험자는 게임을 통하여 퇴계가 그토록 강조하였던 경(敬)을 실천하게 된다. 이 모든 것은 자신의 방을 청소하는 것이 자신을 닦고(수신 修身), 가정을 다스리고(제가 齊家), 나라를 다스리고(치국 治國), 천하를 화평하게 하는 것(평천하 平天下)의 근본이 되어준다.

소학도(小學圖) 다음의 제4도(圖) 대학도(大學圖)는 이와 같은 수신제가치국평천하(修身齊家治國平天下)의 가르침이 등장하는데, 그때 양심에 맞는 실천 중심의 습관, 암기, 체험을 가르치는 대학의 더 큰 원리를 깨우치기 위한 첫 단추로서 역할하고 있다. 따라서 체험자에게 직접 자신의 공간을 청소하는 경험을 제공하는 것, 즉 VR을 통하여 경(敬)을 쌓는 철학적 경험을 제공하는 것이 이 게임에서 가장 핵심적인 요소였다. 한편, 게임이기에 여기에 더욱 흥미로운 경험을 게임적 요소를 부여하는 것이 필요하기도 했다. 그렇다면 게임을 제작하는 데 구체적으로 어떠한 과정이 필요했으며, 이를 통하여 만들어진 VR 게임 플레이가 체험자에게 어떠한 철학적 경험을 제공하는지 알아보도록 하자.

게임 플레이와 제작 과정

게임 플레이는 실제 방 청소를 하는 것과 크게 다르지 않도록 구성되었다. VR 체험자, 즉 인(仁) 게임 체험자는 게임 시작 시 내레이션으로 제공되는 안내에 따라 방 안에 어질러진 쓰레기, 책, 옷, 이불, 쓰레기통 등 총 다섯 개의 물건을 순서와 관계없이 정리한다. 각각의 물건을 정리할 때마다 오방색(五方色)을 띠는 각각의 다섯 개의 경(敬) 구슬을 획득할 수 있다. 바닥에 버려진 쓰레기들은 쓰레기통에 넣어야 하며, 널브러진 이불은 침대에 잘 정리해두고, 옷은 잘 개어 옷장에 넣어 가지런히 정리하고, 바닥에 떨어져 있는 책들은 책꽂이에 꽂아 두어야 한다. 각 물건을 정리할 때마다 하나씩 획득할 수 있는 구슬은 수집 현황을 확인할 수 있는 UI에 하나하나 수집된다. 체험자의 행위에 따라 방 정리를 끝내 다섯 개의 구슬을 모두 획득하게 되면 엔딩 메시지와 함께 게임은 끝에 도달하며, 그다음 의(義) 씬

▌3도(圖) 청소 게임 플레이 장면

(scene)으로 넘어가게 된다.

VR 게임 제작은 크게 앞서 기술한 실제 공간을 활용한 VR 하드웨어 시스템 구성과 본격적인 가상 공간을 구성하는 게임 개발로 구분할 수 있다. 게임 개발은 콘텐츠 기획 → 리소스 목록화(list up) → 리소스 제작 → 리소스 배치 → 게임 상태(state) 개발 → 디버깅(debugging)의 과정을 거치며, VR 관련 프로그래밍 등을 제외하면 VR을 사용하지 않는 기존 게임 제작과정과 크게 다르지 않다. 게임의 시각적 구성요소는 3D 그래픽 리소스와 게임의 진행 상황을 보여주는 2D 그래픽의 UI(User Interface)로 나눌 수 있으며, 청각적 구성요소로는 내레이션, 효과음 등의 사운드 리소스로 나눌 수 있다. 여기에 프로그램 상태와 체험자의 입력에 대한 기능 수행을 구현하는 프로그래밍을 비롯한 개발 엔진에서의 작업이 필요하다. 우선 게임 내 3D 그래픽 리소스는 디지털 오픈 마켓 Asset Store를 통하여 구매한 에셋을 바탕으로 구성하였고, 본 게임에서 고유하게 접근하고 중요한 역할을 가진 일부 물건들은 직접 3D 제작 프로그램 Cinema 4D와 Maya로 모델링 및 애니메이션을 제작하기도 하였다. 모델링 및 애니메이션 파일은 소프트웨어 간에 손상 없이 데이터를 교환할 수 있는 FBX 포맷으로 공유하였으며, 3D 모델링의 표면은 Cinema 4D에서 UV Mapping System을 통해 Photoshop CC에서 그려진 이미지를 적용하여 최종 그래픽 리소스를 완성하였다. 이후 개발 엔진 Unity 3D로 해당 FBX 파일들을 불러들여 실제 아이의 방을 꾸미듯 적절한 위치에 배치함으로써 구체적인 어린아이의 방을 구성하였다.

또한 UI는 단계별 이미지 및 텍스트를 2D 페인팅 어플리케이션 Procreate와 Photoshop CC를 통하여 PNG 파일로 작업한 후 3D 공간에 배치하였다. 이때 채워진 쓰레기의 양을 표시하는 쓰레기통 UI는 해당 오브젝트 위에 배치되는데, 3D 공간에 존재하는 2D 파일의 특성상 체험자의 눈높이, VR 헤드셋 디스플레이 등에 따라 발생하는 이미지 왜곡을 최소화할 수 있도록 배치하는 것이 중요했다.

이어서 그래픽 리소스와 결합할 사운드 리소스는 다른 도들과 마찬가지로 성학십도의 의미를 전달하고 소개하는 내레이션, 장면의 분위기를 형성하는 배경음악 혹은 환경음, 효과음으로 구성되어 있다. 내레이션은 연구팀이 사전에 기획해 준비한 스크립트를 녹음한 후 이를 편집한 WAV 포맷을 적용하였고, 배경음악 및 효과음도 Pro Tools 등의 사운드 제작 프로그램을 활용하여 제작하였다. 이렇게 제작된 리소스들은 개발 엔진의 씬(scene)에서 적재적소에 배치되어 관리된다.

▌3도(圖) 게임 Unity 3D 작업 화면

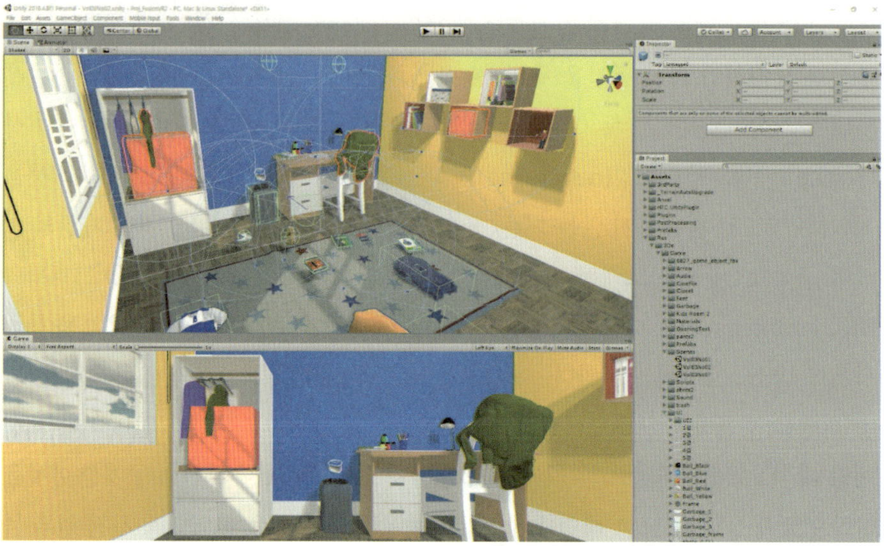

한편 게임 속 공간의 오브젝트는 인터랙션이 제한된 배경 요소와 체험자가 컨트롤러를 통해 인터랙션할 수 있도록 구성해 놓은 옷, 책, 쓰레기 등의 오브젝트로 구분하여 설명할 수 있다. 인터랙션이 가능한 오브젝트들은 게임을 진행하는 필수적인 요소이다. 각 오브젝트들은 체험자의 조작에 의한 상태의 변경 여부를 실시간으로 확인할 수 있게 프로그래밍되었다. 만약 체험자에 의해 오브젝트의 상태가 변경된다면 게임 내 전체 상황을 지켜보며 게임 상태 변화의 큐(queue)를 제공하는 매니저(manager) 시스템이 이를 확인해 체험자에게 그 변화를 UI를 통해 알려주는 한편, 체험자가 각각의 오브젝트를 적합하게 변경시켜 미션을 하나씩 수행하면 정해진 효과음을 재생하여 긍정적 피드백을 제공하도록 디자인하였다.

다시 말하면, 각 영역에서 개발된 리소스들이 게임 엔진을 중심으로 한데 모여 필요한 역할 및 기능을 부여받아 재구성됨으로써 하나의 게임으로 재탄생하게 되는 것이다. 이러한 개발 과정을 거쳐 태어난 게임은 여러 테스트를 통하여 문제 사항을 점검하는 디버깅 과정과 체험자 시연을 통하여 수집한 피드백을 바탕으로 수정 및 보완하는 과정을 지속해서 거치게 된다.

VR 청소 시뮬레이션 게임을 통한 철학적 경험

청소 시뮬레이션 게임은 시뮬레이션에 가까운 일상적이면서도 도덕적인 경험을 제공한다. 따라서 우리 연구팀은 본 게임을 제작하면서 일상의 경험을 사실적으로 구현하는데 집중했다. 덴마크의 게임 이론가 에스펜 올셋(Espen Aarseth)은 디지털 게임의 시스템 층위 게임-구조(game-structure)[5]를 제안하면서 게임 규칙이 사실적인 물리 반응을 구현하는 시뮬레이션 규칙을 포함하고 있다고 말했다. 이는 방을 청소하는 본 게임의 규칙에서 상당히 중요한 의미를 갖고 있는데, 실제 이 게임에는 일반적으로 볼 수 있는 난이도, 경쟁, 실패와 같은 규칙들이 그다지 크게 필요하지 않았다. 본 게임의 목적은 청소를 실천함으로써 자신을 존중하는 기초를 마련하는 것이다. 다만 여기에 구슬 획득과 같은 체험자의 행위에 대한 긍정적 피드백이 체험자들에게 즉각적인 보상을 줌으로써 플레이를 지속하는 한편, 동시에 경(敬) 쌓기를 체험하도록 유도하고 있다. 하지만 이러한 게임의 도덕적 성격은 되레 체험자에게 부담을 줄 수 있으므로 게임 플레이를 지속할 동기를 마련하는 것은 중요하다고 판단되었다. 의도와 메시지가 아무리 긍정적이라 할지라도 그 경험에 충분히 몰입하지 못하면 게임의 메시지를 전달하기 어렵기 때문이다. 덴마크의 게임 이론가 미구엘 시카트(Miguel Sicart)가 말한대로, 결국 게임과 그 능력에 대한 완벽한 이해는 다름 아닌 경험으로 설명되어야 한다.[6] 이를 위하여 본 게임에서는 자이가르닉 효과(Zeigarnik Effect)[7]를 활용하였다. 이는 미처 끝내지 못한 일들이 계속 떠오르는 현상을 의미하는데, 방 청소 역시 해야 할 일을 미루거나 제때 끝내지 못한 상태를 방치하였을 때 느끼는 심리적 불편과 일맥상통한다는 것을 알 수 있다. 이는 경(敬) 쌓기가 청소와 같이 일상에서 할 수 있는 사소한 실천으로 시작되는 것임을 말해주고 있다. 결국 누구나 방을 청소하는 법과 해야 하는 이유를 잘 알고 있지만, 많은 이들이 바쁘고 귀찮다는 핑계로 이 일상적 실천을 기피하는 것이 본질적인 문제라 할 수 있다.

한편 체험자는 방 안에 어지럽게 놓여있는 물건을 하나씩 정리하면서 심리적 안정감과 성취감을 느끼게 될 텐데, 이를 통하여 본 게임이 의도하는 '일상적 경(敬) 쌓기'의 의미와 가치를 깨닫고, 더 나아가 체험자가 이러한 경험을 실제 일상에서도 실천할 수 있기를 기대하는 것이다. 3도(圖) 청소 게임은 시뮬레이션을 통하여 제공하고자 하는 경험을 사실적으로 구현함으로써 체험자의 신체적 행위를 실시간으로 반영하여 자신이 존재하는 가상 공간과 직접적인 영향을 주고받을 수 있음을 인식할 수 있도록 하였다. 결국 청소는 몸을 사용하는 노동이다. 이처럼 3도(圖) 게임이 제공하는 철학적 메시지는 일상적 행위가 의미하는 바를 주지함으로써 쉬운 것을 통하여 깊고 어려운 것을 배운다는 것을 뜻하는 '하학이상달(下學而上達)'의 의미를 주고자 하였다.

체험자가 실제 크기로 구현된 방을 어린아이의 눈으로 직접 둘러보면서 무엇을 치워야 하는지 살펴보고, 컨트롤러 조작을 통하여 물체와 상호작용할 수 있는 실천적 콘텐츠는 소학도(小學圖)를 새로이 해석한 전례 없는 융합적 시도라 할 수 있다. 어쩌면 퇴계가 바랐던 실천적 교육의 체화가 VR을 통하여 비로소 구현되었던 것은 아닐까?

VR을 통한 경敬 쌓기가 갖는 의의

앞서 기술하였듯이 3도(圖) 인(仁)의 청소 시뮬레이션 게임은 성학십도 VR 내에서 처음으로 게임을 적용한 사례이다. 우리가 정돈되지 않은 방을 둘러보며 일상에서 불편해진 마음을 느끼듯, 인(仁) 게임 내에서의 VR 사용자도 널브러진 옷과 바닥에 정리되지 않은 채 늘어놓은 쓰레기와 책들을 보며 불편함, 즉 청소를 해야겠다는 마음을 가지도록 하였다. 또한 청소를 게임처럼 스스로 시도하며 실천적인 행동지침을 세워 올바른 생활습관을 길러주는 소학의 실천적 가르침을 담아 하학이상달(下學而上達)을 실현하고자 하였다. 본 연구팀은 바로 이것이 VR을 통하여 경(敬)을 쌓는 철학적 경험이 되어줄 수 있다고 보았다.

체험자와 컴퓨터 간의 인터랙션을 기반으로 이루어지는 게임의 기본적 구조는 철학뿐 아니라 다양한 이야기를 흥미롭게 전해줄 수 있다. VR은 이를 기반으로 강화된 인터랙션을 통하여 몰입을 극대화함으로써 체험자가 가상 공간과 그 어느 때보다 강력하게 융합할 수 있는 환경을 마련해준다. 청소가 가지는 노동적 특성과 가치를 유지하여 게임으로 구현할 수 있었던 것 역시 바로 이러한 점 덕분이다. 시카트는 게임은 특정한 입력이 필요하며 그 입력이 제공되는 방식의 미적 혹은 운동감각적(kinesthetic) 요소[8]에는 무관심하다고 하였지만, VR 게임은 그간 소외받았던 운동감각적 요소를 주된 입력 방식으로 새로이 활용하였다. 앞서 이야기한 바와 같이, VR은 이름 그대로 가상으로 만들어진 공간을 말하지만, 역설적으로 실존하는 체험자의 실제 행위와 공간이 있을 때 비로소 그 의미를 완전히 충족하게 된다. VR을 통한 실천은 가상과 실제 공간의 영역 안팎에서 유의미한 것이다. 어쩌면 가상은 실재를 기반으로, 혹은 실재는 가상을 기반으로 존재하는 것일 수 있기 때문이다. 어쩌면, 이 둘은 상반된 개념인 동시에 상호 간의 존재와 그 의미를 완성해주는 상호보완적 관계인 것은 아닐까 하는 생각이 들기도 한다.

한편 VR의 특성을 활용한 스토리텔링은 비단 3도(圖) 게임뿐 아니라 성학십도 VR의 모든 다른 도(圖)에서도 중요하다. 본 연구팀은 친근하면서도 일상적이고 현실적인 스토리텔링을 통해 현대인뿐 아니라 동양 철학에 익숙지 않은 외국인들에게도 퇴계의 메시지에 공감할 수 있도록 각 도(圖)를 기획해 나가고 있다. 인(仁) 게임도 그러한 예라고 할 수 있다. 특히 게임을 통한 접근은 친근하게 공유되며, 더욱이 실천적 플레이는 몸짓을 통한 언어(body language)이고 만국 공용어이기에 더욱 쉽게 공유된다. 이는 내레이션을 통한 접근과 영상 스토리텔링 방식의 접근이 언어에 구애를 받는다는 점에서 더욱 큰 장점으로 부각될 수 있는 부분이기도 하다. 수백 년 전 퇴계(退溪)가 당시 선택할 수 있었던 최적의 매체인 병풍을 통하여 선조(宣祖)에게 성학십도를 올렸듯, 성학십도 VR은 현대를 살아가는 모든 이들이 그들의 오감을 통하여 옛 성현의 따뜻한 조언을 받아들일 수 있도록 구성한, 전례 없는 시도라는 점에서 큰 의의가 있다고 할 수 있다. VR 게임을 통한 철학적 스토리텔링은 향후 제작될 성학십도 VR의 콘텐츠에도 몇 차례 더 등장할 수 있도록 현재 또 다른 기획에 반영시키고 있다. 본 게임이 성학십도 VR에서 체험자의 실천을 적극적으로 반영한 첫 번째 사례인 만큼, 현재 기획 중인 콘텐츠들에 체험자의 실천을 통하여 더욱 발전된 철학적 경험을 제공하고, VR을 연구・제작하는 국내외의 많은 이들에게 도움이 될 수 있는 초석이 될 수 있기를 기대한다.

미주

❶ Bennett Foddy. 2017

❷ LucasPope. 2013

❸ Molleindustria. 2006

❹ 2kBoston/2kAustralia. 2007

❺ 시스템 층위 게임-구조(game-structure)

"게임연구자 올셋(Espen Aarseth)은 디지털게임 시스템 층위를 '게임-구조(game-sturcture)', 즉 '시뮬레이션 규칙을 포함하는 게임의 규칙으로 정의한다. 올셋에 따르면 게임은 규칙군(sets of rules)에 의해 형성된 구조를 갖고 있고 그것을 경험하는 플레이어가 존재할 때만 일어나는 어떤 과정이다."(시카트. 2014)

❻ "그럼에도 게임은 존재론적으로 대상이기도 하고 경험이기도 하다. 즉 그것은 경험하도록 디자인된 대상인 것이다. 게임은 오로지 그러한 과정 속에서만 존재한다. 컴퓨터 게임은 형식적이고 과정적 관점에서 설명될 수 있다. 하지만 게임과 그 능력에 대한 완벽한 이해는 경험으로 설명되어야만 가능하다. 게임 경험은 사용자가 그러한 경험을 수행하는 가능한 방식을 조건짓는 형식적이면서도 물질적 의미를 갖는다." (Ibid., 2014)

❼ 자이가르닉 효과(Zeigarnik Effect)

"끝마치지 못하거나 완성되지 못한 일은 마음속에 계속 떠오른다"는 것으로, 러시아의 심리학과 학생이던 블루마 자이가르닉과 그녀의 스승이자 사상가인 쿠르트 레빈이 제시한 이론이다.

자이가르닉은 식당 종업원이 많은 주문을 동시에 받아도 그 내용을 모두 기억했지만 주문된 음식에 대한 계산된 후에는 무엇을 주문했는지 기억하지 못하는 것에 착안해 이 연구를 시작했다. 한 그룹은 일을 끝내도록 설정하고 다른 그룹은 일을 끝마치지 못하게 방해를 하는 실험을 한 결과 업무 종료 후 일 도중에 방해를 받은 그룹이 자신이 수행한 업무에 대해 더 잘 기억했다는 결과를 얻었다. 이루어지지 못한 첫사랑을 안타깝게 기억하는 것 또한 자이가르닉 효과에 해당한다.

즉, 어떤 일에 집중할 때 끝마치지 못하고 중간에 그만두게 되면 이 문제가 해결되지 않는 한 긴장상태가 계속되고, 긴장이 지속되다 보면 머릿속에 오랫동안 남아 있게 된다는 이론이다. 예컨대 끝내 이루어지지 않은 첫사랑이나 틀려버린 시험문제를 더 오래 기억하는 심리현상이 이 효과의 대표적 사례라 할 수 있다.

https://terms.naver.com/entry.nhn?docId=2060101&cid=43667&categoryId=43667

❽ "샐런과 짐머만(Salen & Zimmerman)은 디지털 게임이 왜 아날로그 게임과 다른지 네 가지 이유를 댄다. 우선 컴퓨터는 게임에 즉각적이지만 협소한(narrow) 상호작용성을 제공한다. 이는 게임 시스템이 플레이어의 자극에 즉각적으로 반응한다는 것을 의미한다. 이를테면 〈댄스 댄스 레볼루션 Dance Dance Revolution〉 같은 리듬 액션 게임은 플레이어에게 다소 협소한 상호작용 공간만을 제공한다. 그렇지만 게임 시스템은 플레이어의 입력에 즉각적으로 반응한다. 이는 댄스와 같은 원리에 기반을 둔 게임 플레이를 창조한다. 그리고 리드미컬한 입력에 따른 측정된 반응을 보여준다. 그런데 이런 유형의 게임은 상호작용성이 어떻게 협소할 수 있는지를 보여준다. 이는 플레이어가 어떤 리듬 게임을 플레이하느냐가 문제가 아니다. 그들이 가능한 모든 육체적 표현들로 댄스 플로어를 정복하느냐, 혹은 도무지 어떤 리듬감도 없이

그저 명령만을 따를 수 있느냐는 문제가 아닌 것이다. 게임이 필요로 하는 것은 특정한 입력이다. 게임은 그러한 입력이 실제로 제공되는 방식이나 댄스의 미적 · 운동감각적(kinesthetic) 요소에는 무관심하다." (op.cit. 2014)

참고문헌

미구엘 시카트(김겸섭 역). 컴퓨터게임의 윤리. 커뮤니케이션북스. 2014

https://terms.naver.com/entry.nhn?docId=2060101&cid=43667&categoryId=43667

聖學十圖 VR

탠저블 필로소피: 성학십도 VR

Chapter

05

VR에서 드로잉 구현하기

정해진

성학십도가 우리에게 무엇을 돌아보게 할까?

만약 우리가 VR을 통해서 쉬이 읽을 수 없게 되었던 옛 성현들의 통찰들을 다시 만날 수 있다면 어떨까? 오늘날 우리가 동시대의 가치 체계와 이념의 틀 안에서 인식될 수 없었던 가치들을 다시 인식할 수 있는 계기가 될 수 있을까? 예를 들어 자본주의와 그 안에서 형성되어지는 가치 체계에 대해 우리가 자각할 수 있는 순간은 때로 자본주의 그 자체를 배우는 것으로써가 아니라 자본주의 이전 시대의 인식을 알게 될 때에 더 선명하게 깨닫게 될 때처럼 말이다. 우리는 우리가 속해 있는 시대 의식은 잘 깨닫지 못하지만, 미래를 위한 새로운 변화 가능성은 우리 시대를 인식하고 자각함으로써 시작된다고 생각한다. 그러나 언어에는 그 언어를 이해하기 위해 수반되는 동시대에 통용된 가치 체계와 기반 지식이 담긴다. 그리고 이는 시간이 흘러 변화하여 어떨 때는 소멸되어가며 더 이상 그 언어를 이해할 수 없게 되기도 한다. 오늘날 우리 사회에서 한자가 그러한 종류의 언어가 되고 있다. 하지만 언어는 단지 언어 그 자체로 존재하는 것이 아니라 세계를 바라보는 관점과 사회적인 가치 체계가 내포되어 있기에, 우리가 이전 시대의 통찰을 만나기 위해서는 이것이 동시대에서도 가독할 수 있는 유효한 언어와 형태로 새로이 제시되는 것 또한 필요하다고 생각한다.

우리 연구팀이 제작하고 있는 〈성학십도 VR〉 또한 그러한 시도 중 하나이다. 성학십도 VR은 퇴계 이황이 선조를 위해 만든 10폭의 병풍과 그 안에 담긴 사유들을 VR 안에서 새롭게 구현한 작품이다. 퇴계 이황은 옛 성현들의 가르침과 퇴계 자신의 성리학 공부 방법들을 집약하여 여러 시각적 도식과 언어를 통해 성학십도에 기록해놓았다. 성학십도는 혼란한 상황에서도 인간의 선한 본성을 기르고 실현할 수 있는 방법들을 제시하는데, 특히 일상에서도 쉽게 실천할 수 있는 방법들을 통해 실현될 수 있다는 특징을 갖는다. 성학십도의 가르침은 선한 본성의 회복을 말하며 '경(敬)'을 통해 이러한 길에 다다를 수 있을 것이라 제시한다. 성학십도의 10개의 도 중 3도 소학도(小學圖), 4도 대학도(大學圖), 5도 백록동규도(白鹿洞規圖)에서는 특히 그 구체적 방침을 학습자의 학습 시기에 따라 전달하고 있다. 그 중 3도 소학도에서는 어린아이를 위한 학습법을 소개하고 있는데, 이는 좀 더 성장한 청소년이 학습하는 4도 대학도, 이미 사회에 진출하여 일꾼, 특히 남을 가르치고 다스리는 지위에 오른 선비들과 관료들을 재교육시키는 5도 백록동규도의 가르침을 위한 기본적인 토대를 마련한다는 점에서 중요하다.

이 글에서는 〈성학십도 VR〉에서 3도 소학도를 VR로 제작 구현한 과정과 그 방법론을 제시할 것이다. 성학십도 VR에서 구현된 3도 소학도는 인의예지신(仁義禮智信)을 중심으로 경을 쌓기 위한 '인(仁) 게임'과 인간관계의 여러 상황을 그린 '의예지신(義禮智信) 애니메이션'으로 구현되었다. 본 챕터에서는 그 중에서 소학도의 '의예지신 애니메이션'의 기획과 과정을 중점으로 살펴볼 것이다.

여러 선행 연구들은 VR이 가진 가능성 중 하나로 VR 감상자로서의 내가 그 상황과 연결되었다는 점을 몰입을 통해 제시한다는 점에 있다고 제시해 왔다. 또한 이러한 몰입적 기제를 통해 VR이 공감을 불러일으킬 수 있는 공감 장치의 가능성을 지니고 있다고도 말한다. 그러나 VR이 몰입을 통해 공감을 일으킬 수 있는 가능성이 있는 것은 맞지만, 이러한 공감은 그저 VR을 사용함으로써 얻어지는 효과가 아닐 것이다. 그것은 감상자에게 무엇을 어떻게 체험시키고 보여주는지에 따라 감상자가 공감을 체험할 수 있는 것이고 아닌 것이기도 할 것이기 때문이다. 그러므로 이 글에서는 먼저 성학십도의 3도 소학도에서 제시하는 본래의 의미와 VR이라는 매체의 특성에 대해 살펴볼 것이다. 성학십도 VR에서는 '의예지신'을 구현하기 위하여 VR이라는 매체 특성 중 '타인의 시선으로 바라보기'에 주목하였다.

한편 본 글에서는 이러한 VR의 특성과 소학도의 접점을 토대로, VR 3D 공간 안에서 2D 이미지가 어떤 지점에서 결합될 수 있는지 탐색할 것이다. 그리고 이처럼 3차원에 2차원 이미지를 실제로 구현한 선행 사례들을 살펴볼 것이다. 그리고 의예지신 애니메이션의 실제 제작 과정을 제시할 것이다.

현재 VR은 유니티와 같은 3D 엔진을 통해 구현되는 것이 필수적이다. 이에 따라 VR에서 구현된 애니메이션은 크게 CG(Computer Graphics)를 포함한 3D 애니메이션과, 2D 영상을 그대로 3D 환경 안에서 맵핑하는 방식으로 나뉘어 활용되고 있다. 그 중 특히 VR 애니메이션이 과연 어디까지 가능하며 그 중 어떤 것이 우리에게 유의미한 가능성으로 남게 될지에 대하여 그 질문과 대답들이 아직 충분히 축적되지 않았기에, 동시대의 VR 애니메이션은 현재 여러 가지 실험의 과정들을 겪어가는 것처럼 보인다. 하지만 이러한 과정들을 통해 VR 애니메이션의 다양한 가능성들이 새로이 도출되거나 감지될 것은 분명하다.

성학십도 VR의 '의예지신 애니메이션' 또한 VR 애니메이션에 대한 실험적인 응답 중 하나이다. '의예지신 애니메이션'은 3D 공간 안에서 2D 이미지를 그대로 활용하여 배치되었다. 성학십도 VR이 택한 방법은 현재 열개의 도, 그리고 3도처럼 한 개의 도가 인의예지신 다섯 개의 에피소드로 나눠지기에 다섯 개의 단편 VR을 제작하여야 하는 상황에서, 제작의 속도성을 확보하기 위한 방안이었다. 특히 3도의 의예지신은 3D 모델링을 거치지 않더라도 VR의 3D 공간 안에서 고화질이 아닌 평범한 2D 이미지를 그대로 적용 가능하기로 결정하였다. 이는 기존의 3D 캐릭터 애니메이션을 제작하거나 실제 배우를 통해 연기를 하게 하는 실사 영상 촬영에 비해 기회비용이 적게 들고, 소규모의 인원 안에서도 제작 구현이 가능하다는 장점을 갖기 때문에 고려된 방안이다. 앞으로 소개한 우리 연구팀이 택한 이 방법은 특히 초기 기회비용이 큰 VR을 활용하고자 하는 개인과 소규모 창작자들에게 유의미한 지점이 될 것으로 보인다. 그러므로 필자는 성학십도 VR에서 적용한 2D 애니메이션 방법이 VR에서 또 하나의 방법으로 활용될 수 있는 가능성이 크다고 보고 있다.

성학십도 3도 소학도

성학십도에서 사람 본성은 본래 선한 것이라 여겨진다. 이는 인간을 포함한 천지만물이 무극이자 태극인 하늘로부터 소생하여 그 본성을 갖고 있기 때문인데, 주자와 퇴계는 마음을 가진 인간이 특히 그 선한 본성을 잘 드러낼 수 있는 귀한 존재라 보았다. 이러한 선한 본성을 드러내기 위한 실천적 방법으로써 인간은 경(敬)을 깨우쳐야 한다.

경은 욕심을 가라앉혀서 마음을 고요하게 만들고, 그로 인해 우리는 본성인 선함을 드러낼 수 있는 방법이라 제시된다. 소학도를 포함한 성학십도 전반에서 언급하는 경은 결국 마음이 행하는 일이기에, 경의 체득은 우리의 일상에서부터 시작되고 길러질 수 있다.

앞서도 설명하였지만 성학십도의 3도 소학도는 4도 대학도, 5도 백록동규도와 더불어 그 본성을 기를 수 있는 경의 실천적 방법들을 생애 주기별로 제시한다. 특히 소학도는 15세 이전의 어린아이들이 일상생활에서 경을 행하고 익힐 수 있는 방법을 제시하였는데, 이는 나아가 대학에서의 배움을 이해하고 이를 실천하는데 밑바탕을 마련한다. 소학도에서 제시된, 아이들이 일상에서 경을 행할 수 있는 방법은 '쇄소응대진퇴(예절)'와 '시서예악(육예)'으로 요약하여 말할 수 있다. 이는 먼저 나의 주변을 청소하고, 안에서는 효도하며 밖에 나가서도 남을 공경하여서 도리에 어긋남이 없게 하고, 그러고도 남는 힘이 있다면 시를 쓰고 공부할 것을 이르고 있다.

성학십도 VR의 '의예지신 애니메이션'이 소학도와 어떤 부분에서 연결되는지 좀 더 구체적으로 살펴보자. 퇴계의 소학도는 주자가 성인의 가르침들을 모아 편찬하였던 소학을 적용하여 입교(立教), 명륜(明倫), 경신(敬身), 계고(稽古), 가언(嘉言), 선행(善行)으로 구성하였다. 그 중 입교, 명륜, 경신은 소학의 강령을 말하기 때문에 보다 중요하다. 입교는 인간의 교화와 관련하여 익힐 내용, 명륜은 인간관계에서 지켜야 할 윤리, 경신은 스스로의 몸을 조심하고 공경하는 방법을 말한다.

성학십도 VR 연구팀은 이 중 명륜의 덕목을 현대식으로 재해석하여 VR에서 구현하고자 하였다. 명륜은 오륜(五倫)의 이치와 실천을 설명한 것이다. 오륜은 공동체의 화합과 결속, 그리고 공존을 위해 인간관계에서 행해야 할 다섯 가지 윤리적 지침을 제시한다. 오륜은 각각 부자유친(父子有親), 군신유의(君臣有義), 부부유별(夫婦有別), 장유유서(長幼有序), 붕우지신(朋友信之)을 말한다. 오륜은 오상의 구체적인 실천적 덕목이며, 오상은 인의예지신을 의미한다. 인의예지신은 선한 본성의 실마리이기도 하다.

인간의 선한 본성이 눈에 보이지 않더라도 마음의 작용을 통해 현실의 상황 안에서 나타나므로 우리는 본성이 선함을 유추할 수 있다. 즉 미발 상태의 선한 마음(性) '인의예지'가 작용(情)하여 각각 '측은지심, 수오지심, 사양지심, 시비지심'의 사단(四端)+성실지심이라는 실마리로 일상에서 드러난다. 사단에 진실(신)이 자연히 따라오는 토대로 여겨져, 사단의 인의예지는 인의예지신의 오상(五常之德)이 된다. 그래서 인의예지신의 오륜은 선한 본성의 실마리이며, 그렇기에 지켜야 할 덕목이 되는 것이다.

퇴계가 소학도에서 전하고자 했던 가르침은 결국 경을 통해 선한 본성을 기른 뒤, 인륜을 천지에 실현하기 위함이었다. 따라서 성학십도 VR에서는 소학도의 경을 실천하는 방법은 게임을 통해 자연스러운 습득이 가능하도록 '인 게임'에서 구현되었다. 한편, 구체적인 인간관계와 실천을 다루는 덕목은 '의예지신 애니메이션'에서 상황으로 각각 구현하고자 하였다. 특히 연구팀은 일상 속 내 주변의 상황에서 이들을 떠올려볼 수 있는 것이 더 중요하다 생각하였기에, '의예지신 애니메이션'에서는 해당 덕목들을 당대의 상황에 맞도록 재해석하여 접목시키고자 하였다.

VR과 소학도, 2D 이미지의 접점

VR이 윤리적 감정을 유발할 수 있다는 점이 인의예지신의 성찰적 태도와 어떻게 연결될 수 있을까? VR이라는 매체가 어떻게 심리적인 감정 상태를 유발할 수 있을까? VR은 감상자가 특정 시점을 통해 작품을 바라보고 체험하는 구조를 갖는다. 즉 VR 안에서 감상자는 마치 '나'라는 인물이 세계를 바라보고 있는 것처럼 VR의 상황을 인지할 수 있다. 이러한 구조는 VR의 제작 과정에서 발생한다. VR 감상자는 하나의 위치를 할당받은 카메라와 같이 유니티의 3D 공간 안에 배치된다. 공간은 VR 감상자를 중심으로 감싸듯이 상하좌우 360도로 구성된다. VR의 공간 안에 위치한 VR 감상자는 마치 상황의 한복판에 위치한 것처럼 시점을 가지고 VR을 체험할 수 있다. 그래서 VR 감상자는 상황에 보다 쉽게 몰입할 수 있고, 이에 따라 등장인물이 좀 더 가깝고 긴밀하다고 느낄 수 있다. 즉 심리적 거리가 줄어듦에 따라 VR 감상자는 스스로가 VR 속 상황과 보다 직접적으로 연결된다고 느낄 수 있다. 하지만 VR 감상자가 직접적으로 상황에 개입할 수 없는 상황인 경우, 이러한 심리적 연결고리를 통해 VR 감상자는 VR 속의 상황을 바라보고 있는 자신의 위치와 스스로에 대해 객관적으로 생각해볼 수 있다. 결과적으로 VR 감상자는 직접 대면을 통해 유발된다고 여겨졌던 연대 의식과 공감 등의 윤리적 감정들을 VR의 구조 안에서 경험할 수 있게 되는 것이다.

이처럼 나로부터 벗어나 타인의 상황 속으로 몰입해서 들어가는 것, 그리고 타인의 상황과 나와의 연결고리를 통해 스스로를 반성적 차원에서 객관화하여 되돌아보는 과정은 각각 유학의 극기복례(克己復禮)와 반구저기(反求諸己)와 연결된다. 극기복례란 나 자신을 극복하고 넘어서 선한 본성(仁)의 길로 되돌아가는 태도를 일컫는 말이다. 다양한 관계와 틀 안에서 서로의 본성대로 조화롭게 어우러질 수 있도록 스스로의 틀을 넘어 변화시켜 나가는 자세를 말한다. 반구저기란 어떤 잘못된 일이 있더라도 그 원인을 남이 아니라 내게서 찾고 고쳐나가고 변화하는 자세를 말한다. 극기복례와 반구저기는 인의예지신의 실천에 있어 중요한 자세이다.

이 지점에서 VR과 인의예지신의 유학의 가치가 서로 연결될 수 있다.

한편 앞서 성학십도 VR 3도의 의예지신 부분이 VR의 3D 공간 안에서 3D 모델링을 거친 3D 오브젝트와 캐릭터가 아닌 평범한 2D 이미지를 적용한 애니메이션을 통해 제작하기로 결정하였다고 하였다. 앞서 말했듯 이는 제작의 속도성을 확보하기 위한 방안이기도 했지만, 소학도가 본래 어린아이들을 대상으로 만들어졌으며 아이들에게도 동화와 같은 쉽고 편안한 접근이 필요하다는 점에서도 2D 이미지가 적합하다고 판단되기도 하였다. 그렇다면 2D 이미지는 VR의 3D 공간 안에서 어떻게 접목될 수 있을까. 예컨대 기존의 평면적인 2D 애니메이션처럼 구성하여 유니티의 3D 공간에 맵핑하는 형태로 구현할 것인지, 또는 그 외의 새로운 방향을 모색할 것인지 이미지의 구현 방향을 고민할 필요가 있었다. 동시에 VR 내에서 몰입하여 눈앞에 펼쳐지는 에피소드의 상황을 제 3자로서 상황을 경험하면서 스스로에 대해 돌아보는 경험을 유도하고자 하였으므로, 맵핑이 아닌 VR의 3D의 공간을 그대로 활용하여 2D 이미지를 배치하는 형식으로 가는 것이 보다 적합하다고 보았다. 이는 제작 속도를 높이기 위한 우리 연구팀의 목적과도 일치하는 부분이기도 하였다. 그리하여 연구팀은 의예지신의 덕목에 대한 기본적인 내용적 측면을 구성하는 에피소드의 내러티브를 기획하고, 이러한 스토리를 3D 공간상에 배치된 2D 이미지를 통해 전달해가기로 했다. 또한 매끄러운 애니메이션보다는 스토리의 핵심을 전달해줄 수 있는 중심적인 컷 몇 장을 배치하여 구성하기로 하였다.

앞선 사례들

카메라가 기록한 3차원의 공간은 세계에 대한 가장 객관적인 기록에 가깝다 할 수 있지만, 그려진 그림은 세계에 대한 주관적 해석이자 표현적 기록이다. 이러한 상반된 특질이 한 공간에 어우러진다면 어떨까? 너무 이질적이지는 않을까?

먼저 본 연구팀이 이러한 결정을 내리기 전에 참조한 VR은 Another Dream이라는 본 연구팀이 ISEA2019에서 본 작업이었다. 이 작업에서는 3D 공간 내에 적절히 2D 컷 이미지들이 배치되어 있어 신선한 느낌을 주었다. 하지만 이미 기존의 2D 애니메이션의 영역에서부터 최근 VR에 이르기까지 3차원 공간에서 2D 이미지를 접목한 선행 사례 역시 우리가 결정을 내릴 수 있는 좋은 참고 자료가 되었다.

먼저 영상으로 제작된 2D 애니메이션 중에서는 〈The Three Caballeros〉(1945), 〈누가 로저래빗을 모함했나(Who Framed Roger Rabbit)〉(1988), 〈스페이스 잼(Space Jam)〉(1996)의 세 가지 선행 사례가 존재한다. 이 애니메이션들은 현재는 그리 새로워 보이지 않지만, 작품들이 만들어질 당시에는 그 시대의 기술적인 제작 한계 안에서 3차원에 2차원을 배치하면 그 결과는 어떻게 될지에 대한 색다른 실험적 도전이자 질문의 결과들이기도 하다.

〈The Three Caballeros〉는 디즈니에서 만들어졌고, 도날드 덕이 여행 중에 만나는 4개의 단편 에피소드로 구성되어 있다. 해당 작품에서는 극 후반에 등장하는 춤추는 장면을 전후하여 3차원의 실사 영상과 2차원의 평면 이미지가 합성되어 구성되었다.

로버트 저매키스와 리처드 윌리엄스가 제작한 〈누가 로저래빗을 모함했나〉는 실제 인물들이 사는 도시에서 만화 캐릭터들이 살아 움직이며 벌어지는 스토리로 진행된다. 이 작품은 1940년대 셀 애니메이션의 황금기를 오마주하는 작품이기도 하여 1940년대를 풍미한 요소들을 다양하게 활용한 것이 눈에 띈다. 이야기는 하드보일드 탐정 영화의 전형을 따라가고, 해당 시기에 대중적이었던 플라이셔 스튜디오, 디즈니, 워너 브라더스 등의 애니메이션 캐릭터들이 함께 등장한다. 이 작품 역시 3차원의 실사 영상과 2차원의 평면 이미지의 합성으로 제작되었다. 따라서 실사와 애니메이션의 합성에서 나타나는 독특한 이미지 효과 그 자체가 애니메이션이 그 전체 컨셉으로 지향한 지점이라 볼 수 있다. 이 작업은 따라서 모든 2D 이미지를 아날로그로 그린 뒤 실사 영상과 합성했다.

조 파이트카 감독의 〈스페이스 잼〉 또한 마이클 조던과 벅스 바니를 비롯한 루니 툰 캐릭터들이 하나의 화면에 등장하는 애니메이션이다. 해당 작품은 마이클 조던과 루니 툰 캐릭터들이 힘을 합쳐 농구 시합으로 위기를 해결한다는 이야기를 담았다. 마이클 조던을 촬영한 실사 영상에 2D 이미지를 합성하여 만든 애니메이션이다.

VR에서는 3차원의 공간과 2차원 이미지의 결합에 대한 선행 사례로 앞서 말한 타마라 쇼가오루(Tamara Shogaolu)의 〈Another Dream〉(2019)이 있다. 쇼카오루는 3D 유니티 공간 안에서 2D 이미지를 얹어 함께 배치하였다. 그 결과 이 작품은 이질감 대신 VR로 만들어진 콜라주인듯 독특한 미장센을 보여주었다. 우리는 앞선 시대의 애니메이션 작업들을 통해 3D 실사 공간을 찍은 영상과 만화처럼 그려진 2D 애니메이션의 합성된 모습에 익숙하지만, VR상에서의 이러한 접목은 또달리 새로운 경험적 측면으로 다가왔다.

해당 사례들을 제작하는 과정과 방법들 내에 공통점은 우선 실제 공간과 인물들을 촬영한 3차원의 공간 이미지를 토대로 2차원의 이미지를 위에 덧그리는 과정으로 만들었다는 것이다. 따라서 선행 사례들은 2차원의 이미지를 3차원의 공간에 덧그리기 위하여, 기획 단계부터 공간과 이미지의 배치를 일찍이 논의하는 것이 필요했으리라 짐작된다. 그리고 그러한 기획적 논의를 토대로 3차원의 공간과 인물을 촬영하고 그 촬영된 3차원 영상의 원근법과 조명에 따라 변하는 음영, 그림자, 색 톤 등 3차원의 시각적 요소와 어우러지도록 2D 이미지를 그린다. 이처럼 3D 공간에서 2D 이미지를 배치시키기 위해서는 2D 이미지가 3차원의 공간에서 어우러지게 하기 위하여 미리 사전 기획 단계에서부터 고려되어야 한다. 그리고 이미지의 제작 단계에서도 3D의 시각적 요소를 고려하여 준비되어야 한다.

성학십도 VR 의예지신을 위한 구체적 시나리오

본 연구팀은 의예지신의 덕목들을 당대의 상황과 접목한 에피소드들로 재해석하여 시나리오를 작성하였다. VR 감상자는 VR 안에서 어린아이의 시점으로 의예지신 내러티브의 상황에 목격한다. 하지만 그 상황과 공간 속에 함께 존재하더라도 상황에는 개입할 수 없는 제 3자의 관찰자로 해당 상황을 경험하게 된다. 이는 앞서 말한 VR 감상자가 상황을 해결하기 위해 생각하는 것이 아니라, 한 걸음 물러서서 해당 상황에서 진정 필요한 덕목과 스스로에 대한 성찰을 유도하기 위함이다.

그렇다면 의예지신의 덕목들을 어떻게 오늘날의 상황에 맞춰 재해석할 수 있을 것인가? 오늘날 VR의 환경에서 의예지신(수오지심, 사양지심, 시비지심, 성실지심)의 덕목과 오륜(군신유의, 부부유별, 장유유서, 붕우지신)의 지침을 말하기 위해서는, 먼저 당대 상황에서 가장 절실하고 필요한 덕목은 무엇인지 질문해야 했다. 왜냐하면 오륜의 구체적 윤리 원칙들을 오늘날의 상황에 곧바로 적용하기에는 시대적으로 적합하지 않은 측면들이 분명히 존재하였기 때문이었다. 오륜과 오상의 본질은 무엇인가? 우리는 여기에서 무엇을 다시 보아야 하는가? 오륜과 오상의 핵심은 결국 공동체의 통합과 결속은 나와 타자와의 관계에서부터 시작된다는 점이다. 따라서 오륜은 나와 타자의 관계를 조화롭게 하여 공동체를 통합시키기 위한 원리 원칙의 제시라고 볼 수 있다. 이러한 지점에서 오륜이 인간 상호관계성 또는 공동체 통합의 의미에서 오늘날 결코 포기하거나 간과할 수 없는 필수적 주제임이 분명하다.

그래서 현대적으로 오늘날 인간관계에서 부딪힐 수 있는 가장 공감 가는 상황을 재현해내는 게 중요했다. 따라서 의예지신의 덕목 중 불의에 대응하며 정의를 말하는 수오지심의 마음과 다름을 이해하고 배려를 말하는 사양지심의 마음, 그리고 지혜로운 이해를 말하는 시비지심을 선택하였다. 그리고 마지막으로 점점 더 심화되는 경쟁의 내면화로 인하여 올바른 개인의 의미마저 이기주의라고 호도되는 오늘날 풍토 안에서 상호 성장을 돕는 의미에서 친구(벗)의 의미를 되새길 필요가 있다고 판단하여 붕우지신을 선택하였다. 공동체란 개인주의의 대립물이 아니고, 이는 단순히 과거를 그리워하는 것도 아니다. 현대 사회에 필요한 윤리 의식은 다양성을 존중하며 서로 공존하여 살아가는 것을 이해하는 데서부터 온전히 시작될 수 있기 때문이다.

이처럼 선택된 덕목들을 토대로 성학십도 VR 연구팀은 '의예지신 애니메이션'의 스토리를 다음과 같이 구성하였다. 수오지심에서는 사회 정의와 연관되어 옳지 못한 상황을 참지 못하고 '의'가 발현되는 마음을 말한다. 따라서 의(義)의 에피소드는 초등학교 교실 안에서 벌어지는 왕따의 문제를 다루고자 하였다. 이 씬은 따라서 점심시간 초등학교 교실의 모습을 보여주며 시작된다. 여러 명의 아이들이 종소리와 함께 교실 밖으로 우르르 몰려 나간다. 그런데 마지막까지 남아 책상에 엎드려 웅크리고 있는 한 명의 아이가 있다. 이 아이와 함께 놀기 위해 주저주저하는 아이가 있지만, 또 다른 아이가 나서 사소한 이유로 이 친구를 져버리게 만든다. 남겨진 아이는 자신이 왕따라는 사실을 알고 있으며 난처해 한다. 그리고 이 모든 상황을 VR 감상자는 한 걸음 떨어져 지켜보도록 구성하였다.

사양지심이란 겸손하여 사람들 사이의 서로 다름을 이해하고 상대를 배려하는 마음을 말한다. 이는 '예'에서 발현되는 마음이다. 본 연구팀은 이러한 예 에피소드를 여러 세대가 함께 공존하는 지하철 안에서 시작되도록 기획하였다. 오늘날 많은 사람들이 일상적으로 이용하는 지하철은 여러 세대와 여러 종류의 사람들이 모이고 함께 하는 공간이다. 이 공간 속에서 오늘날은 과거에 비해 웃어른에게 자리를 비켜주는 젊은 이를 발견하기 쉽지 않다. 임산부들을 위한 고정석이 마련되었으나 이 역시 나 역시 그들과 마찬가지로 충분히 힘들다는 사람들에 의해 차지되어 버린다. 한편 어린 세대들은 웃어른인 윗세대를 이유 없이 무시하고 혐오하며, 윗세대는 젊은 세대들이 자신들을 무시한다고 생각한다. 우리의 기획에서는 이러한 상황들과 함께 젊은 세대인 임산부가 자신 앞에 서있는 어르신들에게 자리를 비켜줘야 할지, 이들이 젊은 이들에 대하여 혀를 차는 말이 자신을 향한 말이 아닌지 고민한다. VR 감상자는 해당 상황을 같은 공간에 탑승한 지하철 승객의 시선에서 지켜보게 된다.

시비지심이란 지혜롭게 이해하는 마음을 말하며, '지'에서 발현되는 마음을 말한다. 또한 시비지심은 부부유별 부부 사이의 역할에 대하여 말하는데, 과거 아내와 바깥 양반의 개념보다 오늘날 맞벌이 가정이 늘어나고 여성의 사회참여가 높아지고 활발해진 상황에서 이 부분은 좀 더 시대에 맞게 재해석되어야 할 것이라 연구팀 내에서 논의되었다. 성학십도 VR 연구팀이 기획한 시비지심에 대한 지 에피소드는 저녁 시간 집 거실에 혼자 남겨진 어린아이를 보여주며 시작된다. 맞벌이 부모는 각자 회사일이 바빠서 서로에게 아이를 떠넘기고, 결국 아이는 식사 때 끼니도 놓친 채 집에 혼자 방치된다.

붕우지신이란 친구 사이에의 서로서로 믿음에 대하여 말한다. 연구팀이 선택한 붕우지신에 대한 신 에피소드는 오늘날 친구 사이가 치열한 학벌 경쟁과 취업 경쟁 등으로 퇴색되어 버린 현실을 풍자하기 위하여 선별되었다. 따라서 지의 씬은 두 친구가 만나는 대학교 복도에서 시작된다. 시험기간이 되어 한 학생이 다른 친구에게 수업 필기 노트를 빌려달라고 말하지만, 부탁을 받은 다른 친구는 노트를 가지고 있음에도 없다고 말하며 부탁받은 자리를 모면하고 벗어나 버린다.

이상은 본 연구팀이 기획하고 제작한 의예지신에 대한 에피소드를 보다 구체적으로 접근한 시나리오에 대한 소개였다. 다음은 이러한 시나리오를 바탕으로 어떻게 애니메이션 이미지가 준비되고 제작되었는지 구체적으로 소개하고자 한다.

2D 이미지의 왜곡 테스트

2D 이미지를 3D 공간 안에 배치하려면 먼저 3D 공간 안에서 VR 감상자가 어디에 위치하여 상황을 경험할 것인지를 결정할 필요가 있다. 다시 말해 VR 감상자가 해

당 상황을 바라보게 될 위치를 선행하여 결정한다. 동일한 공간과 이미지가 배치되더라도 관객이 어느 위치에서 해당 상황을 경험하는 것인지에 따라 다른 체험을 할 수 있다. 관객의 눈으로 대변되는 카메라와 상황 사이의 거리가 관객의 경험에 영향을 미친다는 것은 기존의 영상들 안에서 많이 논의되어 왔던 점이기도 하다. 특히 VR에서 3차원 공간을 활용하는 경우에는 관객이 해당 공간에 놓여 원근감을 감지할 수 있기 때문에 이같은 측면이 더욱 강화될 것이라 보았다. 그리고 우리가 그림을 인지하고 이해하는 과정은 일반적으로 지시대상을 이해하는 측면과 유사한 지각 과정을 거친다. 따라서 그림의 표면적 요소들을 통해 그림을 바라보더라도, 표면적인 요소와는 별개로 이 그림이 무엇을 그린(지시하는) 것인지 동시에 인지하기 때문이다. 이러한 측면과 더불어 앞서 선행 사례에서도 살펴본 것처럼, 2D 이미지는 평면이기 때문에 3차원의 공간 배경을 먼저 선정하는 것이 제작에도 용이하다. 이 점들을 고려하여 연구팀은 [그림 1]과 같이 3D 공간 안에서 VR 감상자가 바라볼 수 있는 가능한 시점들을 우선적으로 탐색하였다.

VR의 3D 공간에 2D 이미지는 어떻게 그려져야 할까? VR 감상자는 3D 공간을 입체적으로 느낄 텐데 여기에 평면처럼 놓인 2D 이미지가 VR에서 왜곡 없이 보여질 수 있을까? 왜냐하면 VR에서의 전체 공간은 2D 이미지를 그대로 보여주는 일반 스크린의 화면과는 다르게, 구체나 정사각형 등 다양한 포맷으로 변형을 거치

▌동일한 공간과 배치에서 VR 감상자의 시점에 따라 다른 화면들. 하얀색 이미지는 상황이 벌어질 위치를 임시로 표시한 마커이다(그림 1)

▌2D 이미지 왜곡에 대한 선행 테스트(그림 2)

기 때문이다. 성학십도 VR 연구팀들은 제작에 앞서 [그림 2]처럼 왜곡에 대한 선행 테스트를 진행하였다. 그림의 좌우 그림은 동일한 이미지이다. 그림의 좌 이미지는 2D 이미지이고 우 이미지는 VR에서 적용되어 관객이 바라보는 2D 이미지이다. VR에서 우이미지처럼 보이기 위해서 좌와 같이 왜곡된 이미지를 선행하여 그려야 한다. 추가적으로 2D 이미지가 VR로 변형되면서 평면 이미지의 연결점들도 왜곡될 수 있다. VR에서 평면 이미지가 왜곡되게 반영될 경우 2D 이미지는 환영을 잃고 VR에서 마치 종이를 잘못 이어붙인듯 어색한 형태로 구현되어 버린다.

연구팀은 평면 이미지의 왜곡 테스트를 진행하여 다음과 같은 해결점을 발견하였다. 하나의 이미지가 공간 전체를 전부 감쌀 경우에는 후보정이 거치지 않는 한 자연스럽게 상하좌우의 왜곡이 일어난다. 하지만 전체 공간의 일부, 즉 작은 규모를 2D 이미지로 그린다면 왜곡은 발생하지 않는다. 좌우의 화면에서 아이들의 이미지는 선행 왜곡되지 않은채 그대로 구현되었다.

이 점을 고려하여 VR에서 촬영한 시점 샷을 토대로 한정된 범위 내에서 이미지를 제작하였다. 왜곡을 먼저 고려하지 않아도 되었으므로, 2D 이미지 제작을 위해서 기존의 2D 이미지 그리는 소프트웨어를 별다른 변용 없이 그대로 사용할 수 있었다. 이미지를 VR에서 적용한 결과는 [그림 3]과 같다. 평면 캔버스에서 그린 2D 이미지들도 VR의 3D 환경에서도 그대로 적용 가능함을 확인할 수 있다. 더불어 영상을 맵핑하는 VR 방식과는 달리 2D 개별 이미지들은 고해상도의 이미지나 커다란 크기로 제작되지 않더라도 HMD 안에서 유의미하게 차이가 나타나지 않는 점도 확인할 수 있었다.

▌해당 시점에 따라 3D 공간 안에 배치해 본 2D 이미지(그림 3)

완성

[그림 4]와 같이 이미지는 시나리오의 상황에 맞추어 주요 움직임을 표현하는 png 시퀀스 형태로 제작하였다. 선행 사례에서 살펴본 것처럼 에피소드별로 각각 다른 3D 공간 배경을 고려하여, 해당 배경의 주된 광원에 따라 이미지의 음영 위치를 배경의 방향과 어우러지도록 그려넣었다. 그리고 배경에 따라 인물의 색상 배치를 각 에피소드의 배경마다 어우러지도록 각기 다르게 적용하였다.

예컨대 노란빛과 황토빛이 강한 '의 에피소드'에서는 전체적으로 노란빛이 가미된 색상을 한 톤 적용하여 보색 위주의 색으로 아이들의 옷 색상을 배치하였다. 내러티브 진행에 있어 강조되는 인물들은 채도를 높여 명도가 낮은 배경과 구별점을 주었다.

'예 에피소드'에서는 푸른빛이 감도는 회색톤 계열이 주색이었으므로 강조되는 인물들은 채도가 높은 순색을 배치하여 디테일이 많은 배경과 좀 더 가시적이며 구별되도록 했다. 또한 지하철이라는 공간적 특성을 구현하기 위해서는 공간 안에 많은 인물들이 중첩되며 채워져야 했다. 그래서 수많은 인물들 사이에서 주요 인물이 잘 보여질 수 있도록 명도와 채도를 선명하게 하여 구별점을 주었다. 임산부는 홀로 노란톤을 바탕으로 깔고 밝은 명도와 액세서리를 그려넣었다. 한편, 오늘날의

▌예 장면에 사용된 인물 이미지들(그림 4)

시대적 상황을 반영하기 위해 지하철의 인물들은 특히 실생활에서 우리가 입는 옷 디자인을 최대한 반영하여 적용하고자 했다.

'지 에피소드'의 경우 다른 공간과는 달리 2D 이미지의 디테일 요소들이 자녀가 홀로 있는 집이라는 내러티브 컨셉을 강조하는 방향으로 가고자 했다. 따라서 밝은 보색 위주로 해당 공간을 꾸미고, '의 에피소드'와는 다르게 배경의 주색을 그림에 적용하지 않았다. 그래서 공간에 배치한 어질러진 사물 그림들을 보다 강조하고자 했다.

'신 에피소드'의 경우 배경의 주색인 노란색을 기반하되 서로 갈등을 만드는 등장 인물들이라는 점을 감안하여 보색 대비를 통해 이를 강조하고자 했다. 인물이 대학생이라는 점을 고려해보았을 때 채도가 높은 보색처럼 이목이 집중되는 옷보다는 무난하게 입을 것이라 생각하였다. 따라서 노란빛의 배경과 크게 상반되지 않는 톤으로 적용하여 무난한 느낌으로 이미지를 전달하고자 하였다.

더불어 의예지신 각각의 에피소드는 음영의 터치, 선의 스트로크와 질감 등을 각각 다르게 그려서 서로 간에 구별이 될 수 있도록 배치하였다. 해당 방법론을 적용함에 있어 3D 배경에서 2D 이미지를 완벽히 분리할 것인가 또는 어우러지게 할 것인가. 어떻게 그려야 보다 나은 결과를 가져올지에 대해서 작업을 완성한 지

▌의예지신 애니메이션의 실제 구현 이미지(그림 5)

금까지도 객관적인 판단은 쉽지 않다. 하지만 의예지신 애니메이션에서 적용한 여러 가지 실험적인 활용들이 해당 방법론을 적용함에 있어 유용한 하나의 사례로 참고가 될 수 있을 것이다.

이러한 과정을 통해 그려진 해당 이미지들은 [그림 5]와 같이 유니티의 3D 공간에 원근감에 맞도록 배치되었다. 그리고 유니티에서 타임라인 기능을 활용하여 적절한 타이밍에서 이미지가 시퀀스의 순서대로 등장하고 사라지게 하였다. 이에 따라 이미지 시퀀스는 애니메이션처럼 VR의 내・외부의 소리 채널과 동기화하여 사운드로 전개되는 스토리 내러티브에 따라 나타나고 사라지며 「소학도」의 내용을 전달하였다.

성학십도 VR의 방법론을 통해 3D에 2D를 배치하여 애니메이션을 제작하였을 때 VR의 다음과 같은 요소들이 작품과 관객의 경험에 작용하였다. 이 점은 향후 보다 탐색할 수 있을 것으로 보인다.

- 첫 번째는 거리감의 요소이다. VR의 3D 공간에서 관객이 실제로 체감하는 거리감의 요소를 말한다. VR에서는 배치된 2D 이미지들 사이의 거리적 요소가 평면 영상에서 작용하는 것보다 더 크게 체감된다. 그래서 2D 이미지들이 서로 겹쳐서 배치될 때 자칫 정보의 전달이 원활히 이루어지지 않기

도 하는 평면 영상과는 다르게, VR 내에서는 공간 자체에서 이미 간격을 가지고 있으므로 이미지들끼리는 뚜렷하게 구별된다.

- 두 번째는 실시간 랜더링의 요소이다. 고해상도의 프로세스와 이미지를 요하는 VR 매체에서 이 방법론에 2D 이미지의 화질이 커다란 요소로 작용하지 않은 원인은 이 실시간 랜더링 프로세스 때문일 것으로 유추한다. 즉 VR 감상자의 시선이 움직이기 때문에 이미지는 그때마다 3D 오브젝트처럼 계속해서 새로이 그려진다는 점이다. 그래서 해당 작품을 체험하는 관객은 고정된 위치에 놓인 2D의 평면 이미지이더라도 유동적으로 떨리며 새로이 그려지는 픽셀을 통해 이미지가 움직임을 가진 것처럼 인지할 수 있다.

가능성

동시대 미디어 매체들은 이전의 매체 개념을 초과하는 굉장히 복합적인 형태를 띤다. 특히 그 중에서도 VR은 하나의 작품 안에서도 여러 종류의 미디어들이 긴밀하게 결합되며 어우러지는 형태라 볼 수 있다. 우리는 이러한 VR을 어떻게 사용할 수 있고, 또 무엇을 만들 수 있을까? 상르석 관습도 매체의 규칙도 없다는 것은 그만큼 자유롭다는 것이지만, 동시에 하나의 내용을 만들기 위해 고려해야 하는 방향이 아직 정해져 있지 않아 굉장히 광범위하게 탐색되어야 한다는 말이기도 하다.

성학십도 VR 연구팀은 퇴계의 소학도와 의예지신의 덕목을 VR 애니메이션으로 제작 구현하였다. 본 챕터에서는 그러한 3D 공간과 2D로 준비된 이질적 요소 사이의 융합방법론을 제시하였다. 한편, 성학십도의 소학도를 큰 틀로써 살펴보며, 의예지신의 덕목과 의미들이 VR과 어떤 지점에서 접목 가능한지 고민하였다. 이를 토대로 글의 후반부에서는 어떻게 시나리오가 작성되었으며, 2D 이미지를 제작하기 전부터 실질적으로 발생 가능한 문제점들을 어떠한 테스트 과정을 거쳐 해결해 갔는지 기술하였다. 이러한 다양한 테스트를 거치며 연구팀은 VR에서 적용 가능한 2D 이미지의 형태와 제작 방향을 구체화시켜 나갔다. 그와 동시에 기존 평면 이미지 제작하는 소프트웨어를 통해 2D 이미지를 제작하고, 유니티 3D 공간의 원근감에 맞춰 이들을 배치하였다. 그 결과 3D 공간 안에서 2D 이미지로 구현된 성학십도 VR의 의예지신 애니메이션을 구현할 수 있었다.

연구팀이 실행한 VR 애니메이션의 방법론은 소규모의 인원으로 VR 애니메이션을 제작하고자 하는 이들에게 특히 유용할 것으로 보인다. 그래서 VR에서 2D 이미지와 애니메이션을 활용한 또 하나의 유용한 방법이 될 수 있을 것이다. 〈성학십도 VR〉의 '의예지신 애니메이션'의 방법론이 다른 VR 제작자들에게 또 하나의 유용한 제작 방법론이 되기를 희망하고, 나아가 VR 매체의 한 측면을 보여줄 수 있는 흥미로운 시도가 될 수 있다면 기쁘겠다.

참고문헌

황금중. "퇴계의 성학십도로 본 인성교육의 의미와 원리." 퇴계학논집 19 (2016): 83–126

진성수. "소학의 청소년 교육 방법 연구." 유학연구 34 (2016): 323–343

손승남, 남기호. "소양교육의 관점에서 본 퇴계 성학십도의 재음미." 교양교육연구 13:2 (2019): 313–330

張雲飛. "유가의 '오상'과 한국사회." Journal of China Studies 2 (2007): 289–299

퇴계 이황. 성학십도. 이광호 옮김. 서울: 홍익출판사, 2012

서명석. "동몽선습, 오륜 텍스트의 현대적 독법." 인격교육 7, 3 (2013): 43–61

聖學十圖 VR

탠저블 필로소피: 성학십도 VR

Chapter

06

무한한 공간, 저 너머로

김지연

VR 공간, 시점 따라보다

최근 VR에 대한 관심과 수요가 증가하면서 VR 콘텐츠 제작법에 대한 연구가 활발히 이루어지고 있다. VR은 평면 스크린이 아닌 입체형·확장형 스크린이라는 특징을 지닌다. 그렇기 때문에 사용자들은 기존의 수동적 관람 형태에서 벗어나 VR 안의 공간을 자유롭게 돌아다니며 원하는 지점, 혹은 원하는 오브젝트(요소)에 자유로운 접근이 가능해졌다. 즉 관객 스스로 주체적 감상이 가능해진 것이다. 일반 스크린의 공간과 VR 스크린의 공간을 비교해보자면 기존 스크린에서는 관람자가 정해진 시간에 2D 스크린이라는 제한된 공간 안에서 제한되는 영상을 관람하고 감상해야 했다. 하지만 VR 스크린에서 사용자는 기존 스크린과 달리(룸스케일의 공간으로 제한된다는 부분에서는 어느 정도 같지만) 머리를 좌우로 움직이고 걸어다니며 이동하는 등 활동의 제약이 없어 스크린 공간 속에서 좀 더 자율성을 갖게 되는 것이다. 또한 스크린 전면이 아닌 스크린 속에 들어가서 전방향의 스크린을 통해 몰입형 콘텐츠를 감상하는 느낌을 갖게 된다.

영화, 영상, 모션그래픽에 존재하는 기본적인 문법과 달리 VR 콘텐츠 제작을 위한 이론화되어 있는 연출법은 아직까지 보기 드물다. 본 챕터에서는 VR 360도 영상, 스크린의 확장을 통해 변화된 시점과 공간에 대해 설명하고, 일반 스크린과 확장형 스크린의 차이를 간략히 비교하며 VR 스크린과 같은 전방향적 스크린 경험을 제작하고 연출하는 방법을 논의하고자 한다. 특히 VR 성학십도 프로젝트를 진행하며 발생되었던 제작 문제점과 그에 대한 해결 방법, 주의 사항을 중심으로 발견하고 고민한 부분을 이야기하고 정리하고자 한다. 본 연구자들이 경험한 이러한 내용은 추후의 VR 제작자, 연구자들에게 도움이 될 수 있을 것이다.

VR 그리고 3D 공간

먼저 스크린의 확장을 통한 공간 변화에 대해 설명하려 한다. 일반적으로 우리가 기존 2D 스크린에서 보는 영상이나 스틸 이미지는 대개 3차원의 공간을 2차원 영역인 스크린 안에 표현하는 것이다. 2차원 영역에서 3차원을 표현하기 위해서 르네상스 시대 이후의 시각 예술가들은 원경과 근경의 배치를 통해 공간감을 생성하는 방법을 고안해 왔다. 카메라가 보급된 이후는 기계적으로 이러한 원근감이 2D 평면으로 자동 기술된 이미지를 사용했다. 근경은 이미지 속에서 주로 전달하고자 하는 주요 부분, 원경은 배경으로서 멀리있는 개체 등을 표현하며 공간의 이동에 따라 근경과 원경이 유기적으로 변화하며 깊이감과 입체감을 표현한다. VR이라는 매체의 특성상 일단 사용자가 3D의 공간 안에 들어가게 되면 사용자는 다양한 공간을 바라보고 경험할 수 있게 되는데, 이는 사용자가 서있는 공간의 위치에 따라 보여지는 부분이 매우 다르게 표현되기 때문이다. 또한 VR은 사용자의 자유도를 허락하는 매체이기 때문에 공간의 이동을 통하여 입체적 공간감을 표현하기에 적합하다.

VR이라는 매체는 공간의 확장뿐만 아니라 물리적 확장 또한 지닌다. VR의 스크린을 바라볼 때의 사용자 시야각은 90도에서 360도까지 확장되어 변화되었는데, 이는 달리 생각하면 여러 개의 스크린들이 일렬로 연결・배치된 구조의 물리적 확장이라고도 볼 수 있다. 영화에서 스크린은 그 스크린 내부를 말하는 내화면과 스크린 밖의 외화면으로 나누어진다. 그리고 여기서 외화면의 공간은 언젠가 스크린의 영역 안으로 포함될 가능성을 지닌 잠재적 공간 혹은 관객이 추론할 수 있는 가상의 공간이다. 하지만 이러한 우리에게 익숙한 2D 영화적 공간이 아닌 VR은 내화면과 외화면의 구분이 따로 없으며, 외화면의 공간이 아예 존재하지 않는 구조라고 볼 수도 있다. VR의 이러한 구조는 스크린의 경계가 사라지기 때문에 중요한 시각적 요소를 선별적으로 제시하는 것이 어려워질 수 있다. 프레임과 화면 안팎의 구분이 없는 360도 공간이라는 특성상, 어떠한 인물이나 오브젝트의 등장과 소멸에 있어서 개연성 있는 장면의 전환(transition)이 필요하다. 그렇기 때문에 제작하려는 콘텐츠의 특성에 맞추어 360의 공간, 영상이라는 특징이 잘 부각될 수 있도록 전 방향을 활용할 수 있는 동선과 이벤트, 연출을 만드는 것이 중요하다. 즉 VR은 하나의 고정된 프레임 안의 영역을 구성하고 연출하는 것이 아니라 영화적 표현으로는 외화면의 영역까지 구조화시키고 구성 및 제작해야 한다.

VR 그리고 3D 시점

시점은 간단히 말해 사용자가 어떤 대상을 볼 때 중심이 되는 지점을 말한다. 평면 스크린을 바라볼 때 사용자들은 멀리서 스크린을 바라보았지만, VR 스크린은

HMD(Head Mounted Display)를 사용자 머리에 씌우고, 이 속에 장착된 스크린 화면을 직접 사용자의 눈 앞에 고정시켜주는 형태이다. 그리고 그 스크린상에서 사용자 눈의 이동에 따라 변화하고 이동하는 시야를 보여주는 것에 다름 아니다. 이 때문에 VR은 일반 스크린과 달리 제작자가 사용자의 시점을 제한하고 컨트롤하는 것이 아니다. VR 체험을 통해 사용자는 자신의 움직임을 통해 시점들을 계속하여 변화시킬 수 있다. 또 다른 한편 360도 영상 정보는 사용자 시야도 역시 한계가 있기에 결국 부분적 또는 임의적으로 선택하여 경험하는 결과를 가져온다. 즉 이들을 종합해 생각해보면 사용자의 눈 자체가 카메라가 되는 것이라고 볼 수 있다.

하지만 VR 속 사용자는 가상 공간 안에 존재하며, 그 사용자는 자유로운 시점을 가지기 때문에 기존의 영상 문법을 그대로 적용할 수 없는 제작상의 어려움을 겪게 된다. 예를 들어, 기존 영화 등 영상의 미장센이 내화면 공간에서 인물 및 사물과 배경의 위치 관계를 설정하고 화면의 시각적 구도와 디자인을 구성하는 것이었다면, 스크린의 경계가 없는 VR에서는 미장센의 개념 자체가 흔들리거나 대폭 축소된다.

이러한 VR 영상은 그래서 다음과 같은 유의 사항을 염두해두어야 한다. VR은 일반 스크린상의 모션그래픽에서 사용되는 역동적인 카메라처럼 카메라를 움직이면 안 된다. 때로는 영상을 촬영할 때 비교적 정적인 카메라와 같은 움직임도 VR상에서는 사용자에게 멀미를 줄 수 있다. 따라서 서서히 사용자의 시점 이동에 무리가 가지 않도록 스케일, 포지션, 로테이션 등을 조절하여 움직여야 한다. 또한 움직임이 발생하였을 때도 가속(easy ease out) 혹은 감속(easy ease in) 효과를 최대한 자제하고 리니어(linear)한 등속도 움직임을 주는 것이 좋다. 기존 2D 모션그래픽에서 등속 운동은 균일한 속도를 유지하는 직선 운동이기에 가속과 감속 효과에 비해 지루하며 딱딱한 느낌을 줄 수 있다. 하지만 VR 스크린은 사용자의 바로 눈 앞에 배치되는 특성을 지니기 때문에, 사용자가 너무 빠른 속도의 움직임을 보게 된다면, 그들의 눈에 바로 피로감을 느끼게 한다. 그렇기에 VR 환경에서는 모션그래픽에서 자주 사용되는 가속과 감속 운동 같은 역동적 움직임이나 텐션을 줄여 사용자의 시야를 안전하게 확보하는 것이 중요하다.

만약 카메라 자체에 움직임을 줘야 하는 상황이라면 제작과 함께 많은 테스트가 이루어져야 한다. 대부분의 사용자들이 멀미를 느낄 수 있기 때문이다. 성학십도 VR은 HTC Vive를 사용하여 사용자의 움직임과 공간상의 물리적 이동을 가능하게 하지만, 현재 많은 VR 장비들에서 사용자는 HMD를 쓴 채 거의 대부분 똑바로 서서 체험을 하거나, 앉아서 콘텐츠를 감상하기도 한다. 어떠한 경우든 씬을 구성할 때는 가능한 수직과 수평을 맞추어 주는 것이 좋다. 사용자가 주변이 기울어져 있다고 느끼게 된다면 보는 것과 인식하는 것 사이의 인지부조화가 생겨 어지러움과 멀미 현상을 느낄 수 있기 때문이다.

예를 들어, 모바일이나 PC 화면에서 즐기는 배틀 그라운드(FPS 게임) 같은 게임에서는 플레이어가 뛰거나 걷는 모션을 취할 때 카메라에 상하 움직임을 주어 생동감을 준다. 게임뿐만 아니라 일반적인 영상, 영화에서도 많이 사용하는 기법 중 하나이다. 하지만 이런 효과들이 특히 VR에서는 역효과를 불러올 수 있다. 우리도 성학십도 3도 소학도(小學圖)의 의예지신(義禮智信) 중 예(禮) 에피소드를 위해 지하철 씬을 제작할 때 지하철에 함께 올라 탄 VR 사용자에게 보다 체험적인 몰입감과 생동감을 추가하기 위해, 마치 지하철의 실제적인 움직임과 같은 위아래로 덜컹거리며 움직이는 효과를 주려 했었다. 하지만 사용자 테스트를 진행한 결과 미세한 움직임도 사용자들에게 울렁거림이 심하여 콘텐츠를 제대로 감상할 수 없을 것이라 판단하였다. 이처럼 카메라 앵글과 구도, 움직임의 연출이 생각보다 민감하다. 사용자의 눈과 움직임 자체로 화면 연출이 구성되기 때문이다. 그리하여 본 연구자들은 흔들리는 지하철을 카메라의 움직임보다는 리얼리스틱(realistic)한 지하철의 앰비언트 사운드(ambient sound)를 사용하여 생동감을 주는 방향으로 접근의 방향을 바꿀 수밖에 없었다. 이처럼 HMD를 고려한다면 모션그래픽적인 카메라 무빙과 애니메이션에 상당히 제약이 생긴다. 그러나 아직까지는 선행 연구자 혹은 선행 제작자들로부터 몇몇 주의사항들만 언급되고 있을 뿐 VR 콘텐츠 제작을 위해 이론화된 연출방법은 거의 없다.

제작적 측면에 있어 실사 기반 VR 콘텐츠의 경우 최소한 두 대 이상의 카메라로 360도 전체를 동시에 촬영하기 때문에 촬영 및 제작 공간을 최소화해야 한다. 따라서 촬영 현장 전체가 '뷰파인더(viewfinder)' 내의 공간으로 세팅되어야 하며 조명, 녹음 등의 장치도 공간의 가상성을 깨지 않도록 잘 숨기거나 세팅의 일부로 보이도록 위장해야 한다. 3D 제작 기반 콘텐츠의 경우도 카메라 하나의 고정된 '퍼스펙티브 뷰(perspective view)'가 아닌 여러 대의 카메라가 둘러싸인 360도의 공간을 세팅해야 한다. 이처럼 VR의 사용자 시점과 함께 경험이 자유로워지면서 오히려 제작자는 공간 연출상 더욱 고려해야 할 점들이 많아지고, 공간 구성에 대한 배

Cinema 4D에서의 카메라 6면 배치 방법(그림 1)

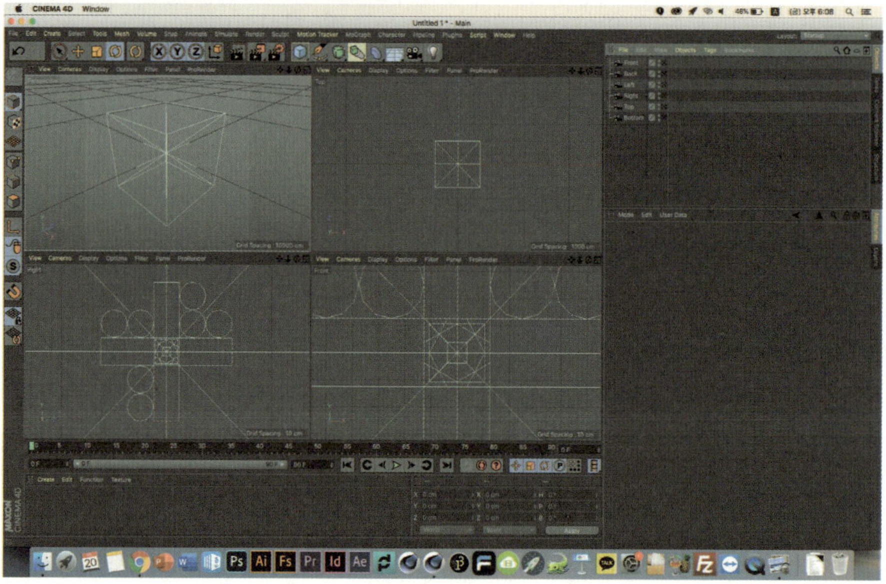

치, 시선 유도 등의 작업 또한 늘어나게 되었다.

한편 3D 모션그래픽에서 카메라를 중심으로 360도의 공간을 1/3하여 120도씩 세 번 렌더를 진행하여 하나씩 합쳐 360도를 커버하는 경우도 있다(최소 3대의 카메라). 각 방향 왼쪽과 오른쪽 시퀀스 총 3쌍의 시퀀스가 발생하며 후반 작업에서 마스크 작업을 해서 시퀀스를 합쳐야 한다. 또한 3D 모션그래픽에서 360도 전방향적 구도와 공간을 사용자가 경험하기 위해서는 6대(Top, Bottom, Right, Left, Front, Back)의 카메라가 필요하다. 하지만 VR 제작을 위한 Unity 3D 환경에서는 카메라 한 대만을 활용하여 다양한 시야각과 공간을 확보한다는 점도 차이가 있다. 3D 모션그래픽과 Unity 3D에서 카메라 대수상의 차이는 제작과 연출에 큰 영향을 준다. 3D 모션그래픽 제작 툴에서 360도의 영상을 커버하기 위해 최소 3대의 카메라를 설치한다 하여도 세 번의 렌더링(rendering)을 진행하여 360도 영상을 만들어야 한다. 이는 일반 영상에 렌더 타임에 비해 최소 3배 많은 렌더 타임이 소요됨을 의미한다. 또한 렌더링 후에도 겹치는 부분을 보정하는 스티칭(stitching) 작업도 해야 한다. 반면 VR 제작을 위한 Unity 3D 툴은 실시간 렌더링을 제공할 뿐만 아니라 스티칭 작업이 필요하지 않기 때문에 제작 시간을 단축할 수 있으며, 번거로운 후반 작업을 최소화할 수 있는 장점이 있다.

사례 1: 성학십도 2도 서명도西銘圖의 상도上圖

일례로 퇴계 성학십도 VR 프로젝트에서의 2도 서명도(西銘圖), 상도(上圖) 공간에 대해 살펴보려 한다. 2도 서명도는 상도와 하도로 나누어져 있다. 지금부터 살펴볼 상도는 나 자신과 우주의 관계를 논한 것으로 이일분수(理一分殊), 즉 하나의 이치가 모든 사물에 나뉘어 나타난 것을 설명하고 있다. 그리고 서명도의 하도는 부모를 섬기는 것이 하늘을 섬기는 것이라고 설명하고 있다. 퇴계 성학십도 VR 프로젝트는 성학십도의 이러한 심오하고 철학적인 개념들을 사용자들에게 소개하고 그들이 쉽게 이해하고 해석할 수 있도록 구현해보았다. 단순히 성학십도 병풍의 그림을 보거나, 영상으로만 바라보는 관찰자로서의 시점이 아닌, 적극적인 주체로서 이야기를 이끌어나가고 받아들일 수 있도록 환경을 구축하고자 한 것이다.

본 연구자들은 2도 서명도의 상도 공간을 바둑판 형식의 환경으로 구성하였다. 2도 서명도의 상도 바닥에서 X자 모양의 그리드가 나타나고 5개의 분수가 바둑돌을 통해 생성된다. 5개의 분수와 함께 바둑판 위에 놓여지는 바둑돌은 "우리의 상황과 처한 위치가 서로 모두 다르다고 하여도 모두 같은 바둘돌일 뿐이다"라는 컨셉을 가진다.

[그림 2]과 [그림 3], [그림 4]는 유니티(Unity 3D) 개발에 앞서 Cinema 4D에서 제작되었던 2도 서명도 상도의 프로토타입 공간 구성 이미지이다. 기본적으로

▌Cinema 4D에서 제작한 2도 서명도(西銘圖)의 내화면(그림 2)

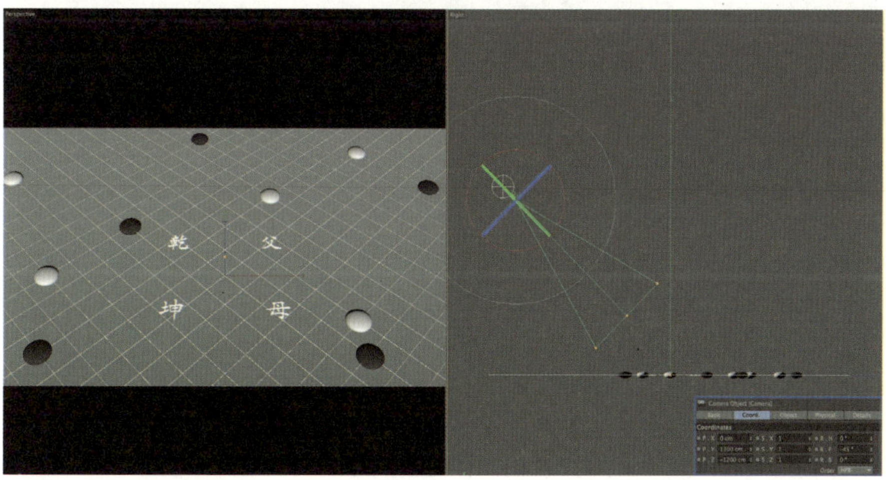

▌Cinema 4D에서 제작한 2도 서명도(西銘圖)의 외화면(카메라를 Left으로 회전)(그림 3)

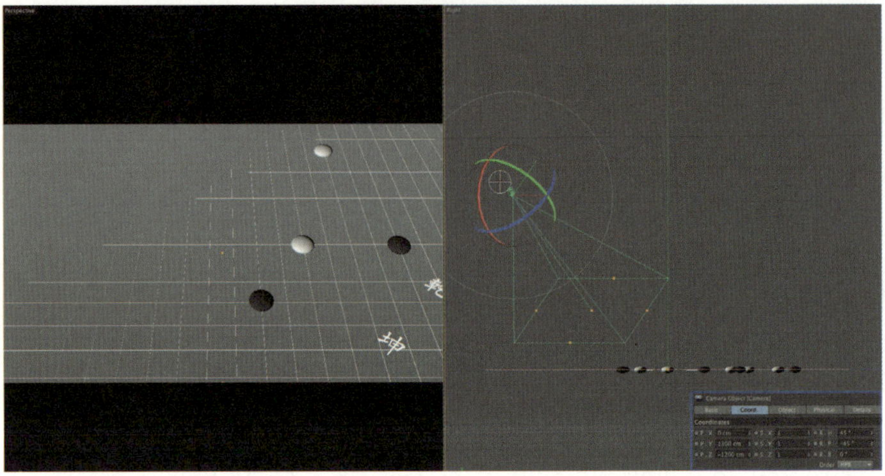

▌Cinema 4D에서 제작한 2도 서명도(西銘圖)의 외화면(카메라를 Back으로 회전)(그림 4)

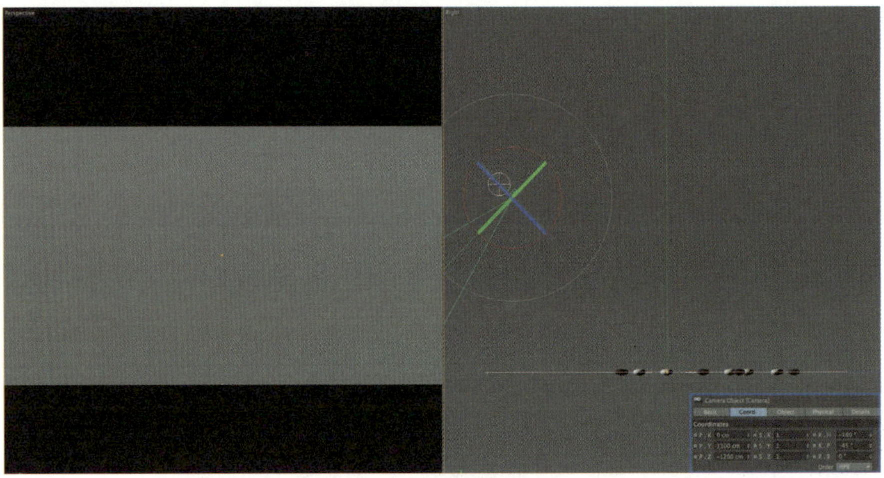

Cinema 4D와 Unity 3D는 3D 공간을 구조화한다는 공통점을 지니지만, 전혀 다른 연출과 제작 방법을 가지기 때문에 몇 가지 그림을 참고하여 설명해보고자 한다. [그림 2]는 일반적으로 우리가 시청하는 스크린 내의 시점, 즉 내화면이며 [그림 3]과 [그림 4]는 내화면의 영역을 좌우로 벗어난 외화면에 해당한다. [그림 2]의 좌측 이미지는 고정된 카메라에 따라 보여지는 스크린 내의 공간을 보여주는데, 이 공간은 사용자의 자유도와는 전혀 상관없이 오직 연출된 카메라의 시점에만 의존하여 보여지는 수동적인 공간이다. 만약 [그림 3]과 [그림 4]의 카메라처럼 공간을 조금이라도 벗어난다면 사용자는 내화면과 외화면 사이의 경계를 발견하게 되고, 이는 콘텐츠에 대한 몰입도와 실재감을 떨어트리는 요소로 작용될 수 있다. 연극에 비유하여 설명하자면 [그림 1]은 모든 것이 연출되어 잘 짜여진 연극 무대, [그림 3]과 [그림 4]는 어수선한 무대 밖의 모습이라 표현할 수 있겠다.

하지만 [그림 5]의 Unity 3D에서 제작된 VR 환경 안에서는 사용자의 시선(카메라)이 자유롭게 이동하고, 상하좌우를 둘러보아도 공간의 흐름이 끊기지 않고 연결되어 있다. 이는 내화면과 외화면의 경계가 없으며, 확장된 공간 모두가 적극적으로 활용되고 있음을 보여준다. Cinema 4D에서 이러한 전방향적 공간을 구성하기 위해서는 아마도 최소 3대의 카메라에서 최대 6대의 카메라를 사용해야 할 것이다. 뿐만 아니라 Cinema 4D 제작 툴을 사용한 프로토타입 영상에서는 고정된 카메라 시점을 사용하여 오브젝트에 움직임과 애니메이션을 주었지만, Unity 3D의 VR 환경에서는 사용자가 움직이고 이동할 수 있는 자유도를 허용하기에 카메라 시점의 이동과 변화가 가능하다. 이는 다양한 레이아웃의 변화 또한 의미하며 일반 영상에서의 연출적 구도가 무의미하다고 할 수 있겠다.

또한 사용자의 시선에 따라 장면 변화가 유동적으로 생성되므로 VR은 한정적인 평면 공간이 아닌 전방향적 공간 배치에 대한 연출이 필요하다. 또한 360도의

Unity 3D에서 제작한 2도 서명도(西銘圖)의 전방향적 화면(그림 5)

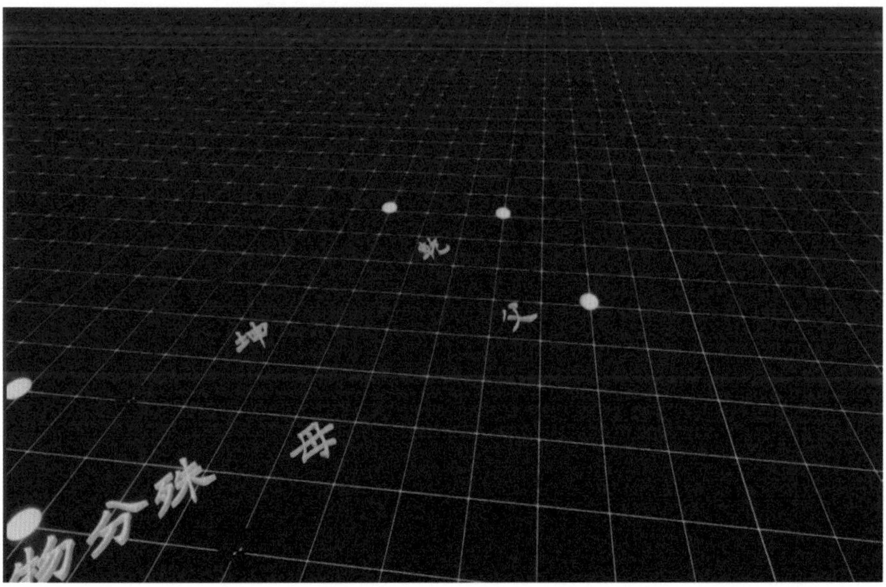

전방향적 공간을 활용하지 않는다 하더라도 연출자 혹은 제작자는 자신이 원하는 방향대로 사용자들이 경험하게 하기 위해서는 의도적으로 그들의 시선을 끌 수 있는 요소들을 곳곳에 배치하는 연출 방법도 중요해졌다. 대부분의 사용자들은 시선을 유도하는 특별한 리드 오브젝트(lead object) 혹은 시선을 유도하는 리드 사운드(lead sound)가 없으면 자신이 현재 바라보는 곳만을 바라볼 수 있다. 처음에 VR을 썼을 때 가상의 공간이 신기해서 그때만 360도의 공간을 둘러보고 결국 다시 자신의 전면에 있는 시점에 고정하고 있는 사용자들을 자주 볼 수 있다. 따라서 VR 기획자와 제작자들은 카메라와 오브젝트, 오브젝트와 오브젝트 사이의 관계를 전방위적으로 신경쓰며 작업해야 한다.

서명도의 VR 환경 제작 전에 만든 이 컨셉 영상은 디자인 컨셉에 대해 다른 연구자들을 이해시킬 수 있었지만, 개발적 측면에서는 실제 Unity 3D 개발을 진행하는 프로그래머와 소통하는 데 어려움을 겪게 만들기도 한 부분이다. 사용자가 어느 곳에서 어디를 보고 있는지 감을 잡을 수 없고, 사용자가 다른 곳을 보는 상황에서 바둑판과 글자가 생성될 수 있었기 때문이다. 그리하여 첫 번째 제작 단계에서 사용자에게 연구자들이 의도한 시나리오를 감상하게 하기 위하여 사운드를 통하여 시선을 유도하고자 하였다. 그 후에도 여러 번 사용자 테스트를 진행하였지만, 여전히 사용자의 동선과 시점을 파악하기 어려웠다. 그리하여 수정 단계를 통해 사용자가 바라보는 곳을 일치시키도록 하여 이곳을 기준으로 잡고 출발하여 사용자를 중심으로 그리드(바둑판)와 바둑돌, 주요 텍스트가 생성되며 사용자의 시점과 공간에서 시나리오가 시작될 수 있도록 연출 부분의 수정을 진행하였다.

사례 2: 성학십도 8도 심학도心學圖의 구조

다음은 성학십도 8도 심학도(心學圖)에 대한 제작 사례이다. 8도 심학도는 “몸(身)을 챙기는 것은 마음(心)이요, 마음을 챙기는 것은 경(敬)이다”라는 메시지를 전달하고 있다. 이 도에서는 몸과 마음, 마음 챙김의 3단 구조가 선명하게 드러난다. 실제 성학십도 원본 도상에서도 크게 3개의 층으로 나누어 볼 수 있는데, 제일 위의 원인 ‘심’과 아래 원의 ‘경’ 그리고 심과 경을 잇는 ‘중심부(body)’로 이루어져 있다. ‘심’은 일신(一身)을 주재(主宰)하고, ‘경’은 일심(一心)을 주재한다. 여기에서 우리는 '경'이란 몸과 마음을 아우르는 원리임을 알 수 있다. 8도 심학도가 3단의 중층 구조로 말하고자 한 것은 마음을 챙기는 것은 경으로 일관해야 한다는 중요성이다. 몸과 마음의 연결고리는 끊임없이 순환하며 결국 중요한 것은 균형이기 때문이다. 또한 마음은 결코 마음 스스로 챙기는 게 아니라 몸과의 긴밀한 협조체제, 즉 균형 안에서 회복되어야 한다는 당위성을 강조하고 있다.[1]

8도 심학도는 성학십도 10개의 그림 중 상하, 좌우의 대칭이 완벽하고 입체의 느낌을 가장 잘 표현한 도라고 할 수 있다. 그렇기에 본 연구팀은 도상의 입체성을 부각시키고 그 구조적 논의를 담아내기 위해 크게 신경을 써 제작하려 노력하였다. [그림 6]과 같이 8도 심학도의 원본 도상은 심의 원 주변에 6개의 원기둥과 경의 원 주변에 12개의 원기둥을 포함하고 있다. 또한 중심부에 유정유일(惟精惟一)과 택선고집(擇善固執)의 원기둥 2개가 심의 원과 경의 원을 연결한다. 총 20개의 원기

▌성학십도 8도 심학도(心學圖) 원본(그림 6)

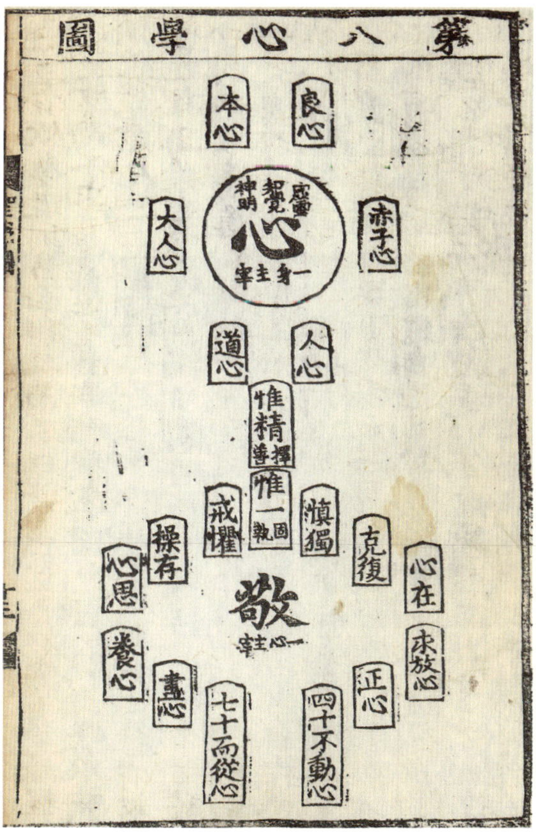

둥은 각기 다른 개념을 지니며, 본 연구자들은 이 원기둥을 총알의 형태를 지녔다 하여 블릿(bullet)이라 부른다. 이 블릿은 형태적으로도 중요한 의미를 가지는데, 유학에서는 예전부터 인간을 하늘과의 동형성으로 설명하기 위해 '원두족방', 즉 인간의 머리는 하늘을 닮아 동그랗고, 다리는 땅을 닮아 네모낳다는 형태로 묘사하였다. 이러한 전통을 바탕으로 도상에 표현된 평면적 원기둥을 입체적인 형태의 블릿으로 구현하여 성학십도 VR 8도 심학도의 구조를 제작하였다.

또한 본 연구자들은 입체적 구조뿐만 아니라 8도 심학도의 공간 또한 3차원의 3D 공간으로 확장시켰다. 그리고 3단 구조 차원에서 몸을 챙기는 마음, 마음을 챙기는 경의 차원을 구조적으로 설명하기 위해 본 연구자들은 층(layer)의 개념을 도입했다. 자세한 설명을 위하여 Cinema 4D에서 제작한 8도 심학도의 구조 이미지를 참고하고자 한다. 아래 이미지에 위치한 큰 블릿(원기둥)의 상단은 심의 층, 하단은 경의 층 그리고 가운데의 기둥은 심과 경을 연결시켜주는 가운데 층을 지닌다. 원본 도상에서 보았듯이 심의 원과 경의 원은 완벽한 대칭을 이루고 있기 때문에 Top view(이미지의 오른쪽 상단)에서 3개의 층을 바라보면 심과 경의 층이 하나의 원으로 겹쳐지는 것을 볼 수 있다. 그리고 다시 Perspective view로 빠져나오면 층의 해체와 블릿의 전체적인 구조와 공간을 파악할 수 있도록 제작하였다.

▌Cinema 4D에서 제작한 8도 심학도(心學圖)의 전체 구조(그림 7)

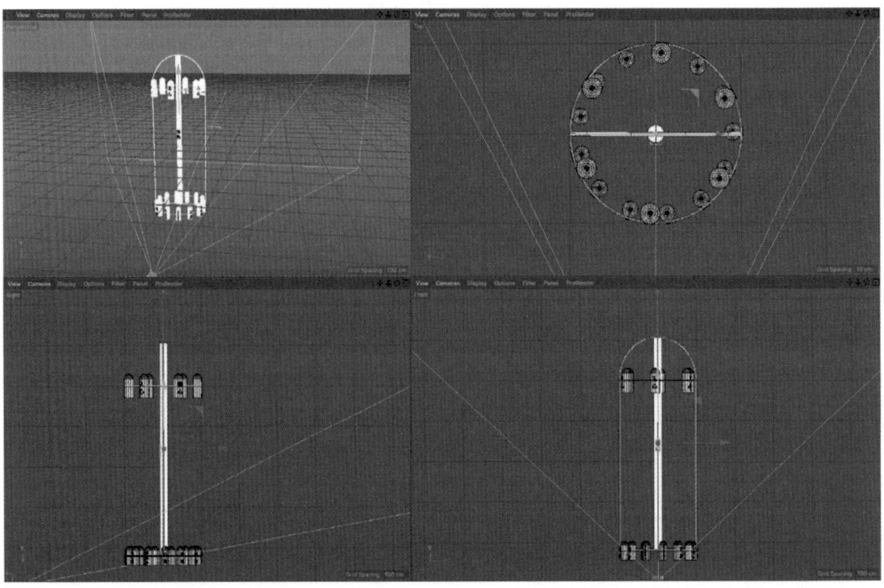

▌Unity 3D에서 제작한 8도 심학도(心學圖) 각각의 개념 표현(그림 8)

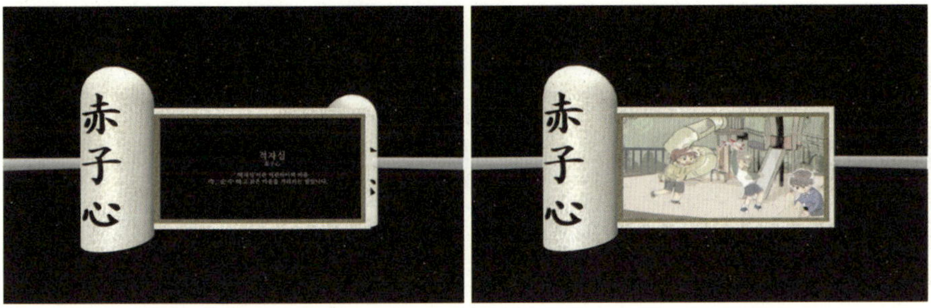

본 연구자들은 이처럼 경이 중첩됐다 해체됐다 하는 과정을 층으로 시각화하여 마치 나의 마음의 움직임을 추적하고, 내 마음이 경을 다시 찾아서 합치돼야 할 이유를 느끼게끔 할 수 있도록 하였다. 성학십도 원문이 지적하는 대로 우리의 마음은 '경'이 주재할 때도 있지만 '경'이 주재하지 못하고 방심하는 순간도 많다. 그렇기에 마음에 경이 자리잡았다가 그 경을 놓치고 마는 순간들이 반복되는 것이다. 이러한 시각화를 통해 철학적 개념과 원리를 보다 구체적이고 쉽게 형상화하고자 한 것이다.

성학십도 VR 프로젝트에서 블릿은 각 개념을 표현하는 18개의 마이크로 블릿(micro bullet)과 18개의 개념 그리고 8도 전제의 구소를 포괄하는 매크로 블릿(macro bullet)으로 나뉜다. 18개의 마이크로 블릿은 천체의 순환(공전과 자전)과 같이 회전하며 각각의 개념을 하나씩 보여주고 설명한다. 이러한 순환적 구조는 각각의 개념이 서로 이어져 있으며, 이는 각각의 개념이 하나하나 동형적으로 유지됨을 의도한 기획이다. 한 개념을 체득할 때는 "다른 개념은 없이 오직 그 개념만 있는 것처럼 집중해서 그 개념을 구하라"는 퇴계의 의도에 맞게 블릿의 스케일을 확장하여 각각의 개념에 집중할 수 있게 구현하였다. 특히 심과 경을 잇는 가운데 블릿(유정유일과 택선고집)의 개념을 설명할 때에는 유정유일과 택선고집의 마이크로 블릿이 매크로 블릿으로 스케일이 확장되어 완전히 중첩되도록 구현하였다. 스케일의 확장을 통한 블릿의 중첩은 가운데 블릿(유정유일과 택선고집)이 심과 경을 이어주고 있음을 보여준다.

■ Unity 3D에서 제작한 8도 심학도(心學圖)의 블릿(bullet)(그림 9)

사례 3: 성학십도 8도 심학도心學圖의 모션그래픽 영상과 VR 영상 비교

Unity 3D 제작에 앞서, 2017년에 제작된 성학십도 8도 심학도의 프로토타입 아이데이션 영상이 있다.[2] 이 영상은 2D 그래픽(After Effects)과 3D 그래픽(Cinema 4D)을 사용하여 만들어졌으며, 본 연구의 기획 의도를 설명하기 전에 제작되었다. 성학십도 프로젝트에 대한 정보를 전달하기 위한 목적으로 만들어진 이 영상은 2분이라는 짧은 시간 동안 재생이 되며 영상 안에 많은 정보를 담고 있다. 정보 전달이라는 정확한 목적성을 가지고 있기 때문에 최대한 정보를 잘 전달할 수 있도록 편집되고 제작되었다. 이러한 의도하에 영상을 제작하고, 사람들은 그 영상을 감상하게 된다.

하지만 성학십도 VR 8도 심학도에서는 선형적 시간과 사용자가 선택적으로 시간과 공간을 이동할 수 있는 비선형적 시간이 공존한다. 또한 본 연구자들이 의

■ 8도 심학도(心學圖)의 프로토타입 아이데이션 영상(그림 10)

도한 카메라의 움직임과 사용자 자신의 자율적인 움직임이 함께 적용된 내러티브가 진행되어야 한다. 사용자는 블릿의 전체적 구조를 파악한 후 상단에 위치한 심의 원으로 이동하여 6개의 에피소드 중 사용자가 원하는 개념을 선택하여 그와 관련된 영상을 감상한다. 그 후 하단에 경의 원으로 내려와 심의 원과 같이 12개의 에피소드 중 원하는 개념을 선택하여 영상을 감상할 수 있다. 이러한 3D의 시공간과 평면 영상의 적절한 활용은 사용자가 블릿 안에서의 구조와 전체의 구조를 모두 파악하고 훑어볼 수 있도록 한다. 이를 통해 블릿의 구조 안의 중심에서 안팎의 공간을 파악할 수 있으며, 엘리베이터와 같은 이동 형식을 통해 심과 경을 자유롭게 이동하며 경험할 수 있다. 이는 안팎의 공간과 구조, 그리고 정보의 자유로운 구성과 편집 등 정보 전달방식에 있어 큰 강점을 지닌다.

모션그래픽 영역의 영상에서는 트랜지션(transition)과 컷 편집을 통해 불필요한 부분을 잘라 원하는 부분을 선택하여 장면을 연결한다. 편집의 자연스러움과 스토리의 지속성과 연결되는 부분이다. 화려한 장면 전환과 편집 기법은 일반 영역에서 관람자 혹은 사용자의 시선을 사로잡을 수 있지만, VR 환경에서는 다양한 트랜지션 기법과 컷 편집이 오히려 사용자들에게 당혹감을 줄 수 있다. 그리하여 성학십도 VR 제작에서 본 연구자들은 사용자의 몰입감을 방해하지 않도록 페이드(fade), 디졸브(dissolve)와 같이 오히려 서서히 변화하는 방식을 많이 추구한다.

영상에서 Z축에 위치한 오브젝트가 어떻게 보이는가 하는 것은 스크린의 크기, 스크린과 사용자의 거리에 의해 달라진다. 그렇기에 유니티 환경에 3D 오브젝트를 배치할 때와 VR HMD를 쓰고 3D 환경을 둘러볼 때 오브젝트 간의 위치(position)와 크기(scale)에 대한 문제도 생긴다. X축과 Y축이 아닌 Z축까지 활용을 하기 때문에 입체감을 고려하여 씬에서 물체의 앞뒤관계를 확실하게 설정하고 세팅한 후 작업에 들어가야 한다. 또한 가장 중요한 것은 제작자는 사용자가 실제로 체험하고 경험해야 하는 공간에 대한 환경을 예측해야 한다는 것이다. 제작 시 오브젝트와 오브젝트 간의 크기, 오브젝트와 사용자와의 거리를 모니터상에서 대충 가늠하여 제작할 것이 아니라 HMD를 쓰고 테스트를 통해 스케일을 조정하며 수정해야 한다. 디자이너와 개발자 모두가 섬세한 사용자 테스트를 통해 사용자에게 적합한 VR 환경을 조성해주어야 한다.

VR을 통한 새로운 경험

Cinema 4D와 Unity 3D는 같은 3D 공간을 구조화하는 프로그램이지만 전혀 다른 제작 방법을 지닌다. 기존 3D 프로그램에서 VR 영상을 구현하는 방법 자체는 생각보다 간단하지만, 막상 제작 단계에 이르면 수많은 난관에 부딪히게 된다. 기존의 3D 공간을 활용한 모션그래픽은 기술적 한계를 지니지 않고, (환상적인) 가상의 결과물들을 만들어내지만, VR은 기획과 더불어 기존의 영상 문법, 영상 연출들을 대부분 활용하지 못한다. 이러한 이유 때문에 VR 콘텐츠를 보면 지루하다는 경험도 몇 번 느껴봤을 것이다. 하지만 성학십도 VR 프로젝트에서 본 연구자들은 이러한 지루함을 굉장히 철학적이고 컨셉적인 경험으로써 해석하며 이를 추구한다. 형이상학적인 공간에 대한 체험, 어찌보면 지루할 수 있는 경험을 통해 사용자들을 사유의 공간으로 이끈다. 연출적으로 천천히 움직이는 속도의 애니메이션, 차분한 내레이션 등이 본 연구자들이 의도한 움직임들이다. 기존에 VR 콘텐츠와 다른 새로운 시공간에 대한 해석을 통해 사용자들에게 사유하고 사고할 수 있는 철학적 경험을 제공하는 것이 연구자들의 의도이며 목적이라 할 수 있겠다.

또한 성학십도 VR 프로젝트는 성학십도 내의 내러티브를 인터랙티브한 접근이 가능한 영상으로 제작하여 이를 가상 공간에 담아내고 있다. 특히 성학십도 VR 프로젝트의 2도(상도/하도)와 8도는 3D 공간과 평면적 영상, 그리고 유니티와 모션그래픽의 기술적 융합과 개념의 유기적 관계성이 잘 표현된 사례이다. 다시 말해, 컨셉추얼한 경험을 현대적으로 재구성・재편집하였을 뿐만 아니라 사용자들에게 새로운 체험적 경험을 확대시킨 연구라 할 수 있겠다.

일반적으로 VR은 사용자의 동선을 인식할 수 없어 내러티브가 전달이 안 되는 경우도 많으며 멀미 효과에 대한 가이드나 혹은 이론적 법칙은 따로 존재하지 않는다. 결국 위의 문제들을 해결하기 위해서는 꾸준히 제작하고 테스트하여 많은 경험을 통해 오차를 줄여나가는 방법 밖에 없다. 그리하여 비록 시간과 노력이 많이 투자될 수밖에 없으나 결국 수많은 시도를 통해 최대한 절충된 최적의 방법을 하나하나 찾아야 한다는 것이 잠정적 결론이다. 하지만 성학십도 VR 프로젝트는 이러한 현재 기술의 한계를 떠나 성학십도가 본래 가지고 있는 2D 도상을 3D 공간에 새롭게 재배치하고 연구자들의 기획 의도에 따라 새롭게 구조화시킨 것만으로도 큰 의미가 있다고 생각한다.

미주

❶ 이원진. 2019

❷ 성학십도 VR 프로젝트 Ideation 영상. 2017

참고문헌

이원진, 이현진. "퇴계의 '심병(心病)'과 그 치유법으로서의 '경(敬)'." 한국종교학회, 제79집 3호(2019): 111-139

퇴계 성학십도 VR(Youtube). "성학십도 VR 프로젝트 Ideation 영상(2017)." Last modified March 19, 2019. https://www.youtube.com/watch?v=n46pKrEOXQM

聖學十圖 VR

탠저블 필로소피: 성학십도 VR

Chapter

07

성학십도 VR 공간 속 사용자 인터페이스

문준석

성학십도 VR을 위한 UI User Interface 개발

이 글은 우리 성학십도 VR 연구팀이 성학십도 내의 열 개의 그림을 VR 콘텐츠로 만들며, 이들 콘텐츠들을 넘나들며 탐험하기 위한 내비게이션 인터페이스, 내비게이션 UI(User Interface)에 대하여 고민하고 개발한 내용을 소개하려 한다. 현재의 VR 미디어는 과거의 2D 스크린 미디어를 많은 부분에서 재매개[1]한다. 스크린 속 UI의 경우도 예외는 아니다. 본 연구팀은 성학십도 VR의 UI 개발에 앞서 기존 2D 스크린 미디어 콘텐츠 속에서의 UI 사례들을 살펴보고 각 형태들을 참조하였다. 또한 아직 다양한 UI가 개발되었다고 할 수는 없지만, 현재 제작된 VR 콘텐츠들 속 다양한 형태의 UI 사례들을 점검하며 참조하였다. 이러한 사례들은 우리 콘텐츠에 알맞는 내용과 형식의 성학십도 VR만의 UI를 개발하는데 유용한 바탕이 되었는데, 본 글은 이러한 사례들을 소개하고 마지막으로 우리 성학십도 VR의 UI가 어떻게 개발되고 제작되었는지 그 내용을 담았다.

UI User Interface

UI(User Interface)는 사람이 어떤 사물이나 기계 시스템을 사용할 때 사람과 기계의 사이에서 매개체 역할을 하는 것을 의미한다. 기술이 발전함에 따라 사람들이 사용하는 기계 시스템이 늘어나면서 UI의 중요성이 부각되었다. UI는 물리적으로 사람이 직접 사용할 수 있도록 하는 것(대표적으로 마우스, 키보드)과 시스템의 처리 결과나 상태에 대한 표시, 콘텐츠의 직접적 표현, 콘텐츠와 콘텐츠 간의 다양한 상태 화면으로 사람에게 시스템의 동작이나 반응을 인지할 수 있게 하는 것으로 구분할 수 있다. 이러한 UI는 디자인 관점에서 우수하게 만드는 것도 중요하지만 사람이 기계 시스템을 사용할 때 쉽게 사용할 수 있고 동작이나 반응을 쉽게 인지할 수 있도록 사용성을 높이는 것에 주된 목적이 있다.

이전에는 특정 기능을 구현하기 위해서는 독립적인 하드웨어로 만들고 그 하드웨어에만 적용되는 소프트웨어를 따로 제작해야만 했다. 사람에게 전달하고자 하는 내용은 필요한 정보만 매우 제약적으로 표시되게 하였다. 그러나 컴퓨터나 스마트폰 같은 IT 기기가 지속적으로 발전하고 거기에 맞춰 소프트웨어도 지속적으

▌하드웨어로 구현된 장비(왼쪽)와 소프트웨어로 구현된 모듈 화면(오른쪽)(그림 1)

로 발전되면서 예전에는 하드웨어로만 구현이 가능하던 기능이 별다른 하드웨어 없이 IT 기기와 소프트웨어만으로 기능이 구현이 가능해졌다. 특정 하드웨어가 범용 IT 기기 안으로 들어가게 된 것이다.

이렇게 다양한 기능들이 소프트웨어로 구현되고 사용되다 보니 소프트웨어들의 정보나 디지털 방식의 콘텐츠들은 거의 대부분 디스플레이를 통해서 표현되고 있다. 그래서 디스플레이를 통해서 어떻게 콘텐츠를 표현할지, 어떤 방식의 UI를 통해서 표현할지에 대한 방법론이 중요하게 여겨지고 있다. 또한 단순히 보는 것으로만의 콘텐츠나 UI가 아닌 사람이 직접 인터페이스 도구를 통해 디스플레이 상에서 시스템을 조작할 수 있게 하는 제어와 관련된 UI도 중요하다. 현재 우리가 IT 기기의 디스플레이를 통해서 보게 되는 전반적인 UI 형태들은 정보 전달과 시스템 제어를 동시에 할 수 있게 되어 있다.

성학십도 UI적 특징

성학십도(聖學十圖)는 16세기 퇴계 이황이 16세에 왕위에 오른 선조임금에게 바치기 위해 제작한 것으로 10개의 그림으로 제작된, 경을 추구하고 성학에 이르기 위한 학습서라고 할 수 있다. 이러한 퇴계는 이 성학십도를 책의 형식과 함께 10폭의 병풍으로도 제작하여 왕이 머무르는 방에서 주변에 두고 매순간 깨달음을 얻기를 원했다. 이 10개의 그림은 '도(圖)'라 칭하고 왕이 공부해야 할 성리학의 내용을 담

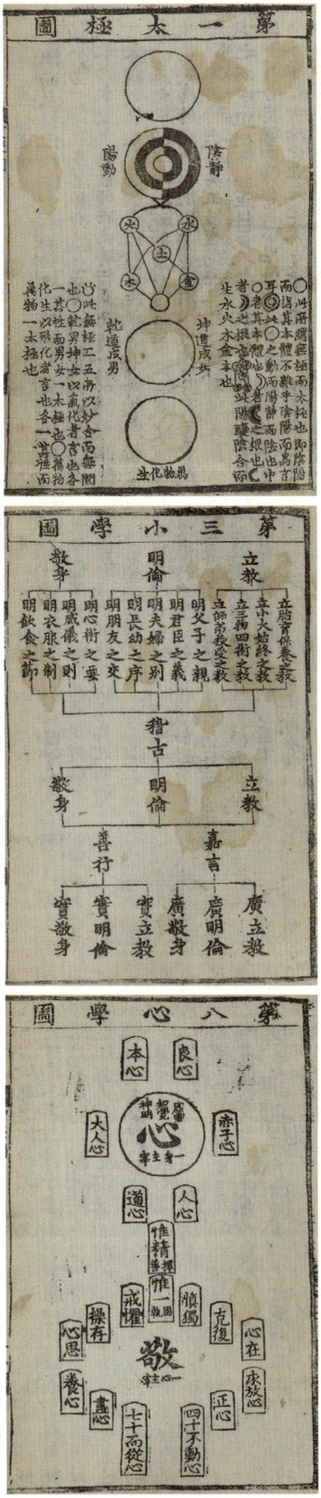

구조적으로 도식화되어 표현된 성학십도의 1도(圖), 3 도(圖), 8 도(圖) (위부터)(그림 2)

고 있다. 그리고 각 '도'마다 소분류되는 영역들이 있는데 이것을 '권(卷)'이라 부르거나 '상도(上圖)'나 '하도(下圖)'처럼 또 다른 '도'로 부른다. 마치 책의 큰 챕터 안에 작은 챕터가 있는 것과 같은 형태이다.

성학십도의 각 '도(圖)'는 모두 하나의 페이지로 구성되어 있는데, 각 '도(圖)'는 매우 구조적으로 도식화된 내용으로 그 안에 세부 내용별 영역으로 구분된다. 하나의 페이지에 성학십도의 많은 철학적 내용을 담기 위해 산문으로 쓰지 않고 구조적으로 도식화한 것으로 추측된다. 그래서 글뿐만 아니라 도형이나 계층을 나타내는 선 등이 많이 사용된 것을 볼 수 있다.

[그림 2]에서 볼 수 있듯이 성학십도는 산문의 형태가 아닌 그림의 형태나 계층적 형태로 내용을 구성해서 내용을 구조적으로 표현하고 있다. 그리고 그 구조화된 내용들은 세부 내용으로 영역이 구분되어 표현되어 있다. [그림 2]에 있는 1도(圖)(제일 왼쪽 그림)는 가운데에 있는 그림으로 볼 수 있듯이 5개의 세부영역으로 구분되고 양쪽의 글은 그 다섯 개의 영역에 대해서 설명하고 있다고 볼 수 있다. 또한 3도(圖)는 계층적 형태로 도식화해서 표현하고 있다. 8도(圖)는 그림을 통해서 상중하로 구분된 영역을 표현하고 각 단어를 감싸고 있는 도형의 형태로 중요한 의미를 전달하고 있다. 이렇듯 비록 종이에 쓴 글이지만 도식화, 계층화 방법을 사용해서 내

용을 구조적으로 구성한 것을 볼 수 있다. 이러한 구조화 방법은 현대 디지털 콘텐츠에서도 많이 사용하는 매우 현대적인 방법이라고 생각해 볼 수도 있을 것이다.

이렇게 성학십도의 내용이 문장의 형식이 아닌 구조화된 방식으로 구성되어 있기 때문에 우리가 이야기하고 있는 UI적 특징으로 보았을 때 매우 현대적인 형태라고 볼 수 있다. 내용을 전달하는 데 있어서 세부 내용 간의 관계나 구성을 한눈에 볼 수 있을 뿐만 아니라 내용을 함축적으로 표현해서 성학십도의 각 큰 주제인 '도(圖)'의 내용을 하나의 페이지에 담을 수 있게 되었다고 볼 수 있다. 또한 이 구조적 구성 자체가 세부 내용의 흐름을 따라갈 수 있는 내비게이션의 역할도 한다고 볼 수 있다.

평면 스크린 환경에서의 UI

평면 스크린은 정해진 크기의 프레임을 가진다. 때문에 콘텐츠가 보여지는 프레임 안쪽 영역이 존재하며, 프레임 바깥쪽 영역에서 콘텐츠가 안 보이는 영역을 상상하게 된다. 이처럼 평면 스크린에서 보이는 영역과 보이지 않는 영역은 '내화면'과 '외화면'의 개념으로 설명할 수 있는데, 앙드레 바쟁(Andre Bazin)은 영화 스크린은 현실의 일부분 밖에 드러낼 수 없고, 이는 스크린 바깥 영역이 무한히 연장되는 것처럼 보이게 한다고 말한다.[2] 이러한 내화면과 외화면의 이론적 개념은 영화뿐만 아니라 평면 스크린을 사용하는 콘텐츠에 모두에게 적용된다고 볼 수 있다.

한편, 평면 스크린은 물리적으로 평면이기 때문에 그 이차원 공간 위에서(혹은 속에서) 삼차원적 환영을 창조하거나 삼차원적 진실을 드러내기 위한 수많은 방법들이 시각 예술의 역사 속에서 오랜 기간에 걸쳐 다양하게 고안되었다.[3] 컴퓨터 그래픽이 발전되고, 디지털 콘텐츠가 보편화되면서 평면 스크린상에서 3D 콘텐츠는 매우 다양하고 사실적으로 구현되고 있다. 하지만 평면 스크린의 물리적 한계 때문에 이러한 3D 콘텐츠에 대한 체험자의 느낌은 제한적일 수밖에 없었다. 이러한 스크린 평면성의 한계를 극복하기 위해 3D TV나 3D 안경을 쓰고 스크린을 바라봄으로써 좀 더 사실적인 3D 콘텐츠를 체험하는 방법도 개발되었다.

평면 스크린의 프레임 영역과 평면성은 내화면적 특성을 통해 프레임 안에서 스크린을 통해 대상 혹은 세계를 재현하고, 전달하며, 보다 강력한 시각적 방법론을 구사한다.[4] 동시에 외화면적 특성을 통해 프레임 바깥 영역에 대한 체험자의 상상 또한 이루어진다. 그래서 화면 밖에서 화면 안으로 들어오거나 화면 안에서 화면 밖으로 빠져나가는 형태의 흐름이 구현 가능하게 되었다. 그러나 아무리 체험자가 콘텐츠를 몰입적으로 체험한다고 해도 물리적으로 체험자와 콘텐츠 사이를 분리할 수밖에 없다. 외화면은 체험자로 하여금 화면 바깥 영역에 대한 상상을 자극하지만 이러한 스크린의 물리적 속성 때문에 그 크기와 한계를 느끼게 만들기도 한다. 또한 아무리 사실적인 3D 콘텐츠이고 3D 편광안경을 쓰고 본다고 하더라도 스크린의 평면성으로 인해 스크린의 바깥 영역, 즉 무한대로 확장되어 상, 하, 좌, 우, 앞(3D 안경을 쓰면 Z축이 느껴지는데 이는 스크린을 기준으로 앞쪽이 아닌 뒤쪽으로 깊이감만 생긴다) 방향으로는 움직이거나 이동할 수 없기 때문에 이 또한 체험자로 하여금 답답함을 느끼게 한다. 이는 완전한 3D 공간 체험을 방해하는 것으로, 결국 이러한 특성들이 스크린을 경계면으로 느껴지게 만든다.

평면 스크린에서 구현되는 UI의 형태

이처럼 체험자와 콘텐츠 사이의 관계를 생각해보았을 때 스크린은 경계면의 역할을 하고 있다고 할 수 있다. 스크린을 경계로 체험자의 세계와 콘텐츠의 세계가 분리되어 있다고 볼 수 있는 것이다. 이러한 상황에서 게임이나 VOD 같은 콘텐츠 조작과 상호작용을 위한 평면 스크린상의 UI는 약간의 입체감을 준 2D 형태로 구현되는 것이 일반적이다. 다시 말해 이는 마치 서로 다른 2개의 세계가 유리벽을 사이에 두고 있다고 가정해본다면, 평면 형태의 UI가 유리 벽면에 나타나는 형태로 구현된 것으로 생각해볼 수 있다. 그런데 대체로 대부분의 체험자들은 평면 스크린에 표시되는 이러한 2D 형태의 UI에 대해서 어색하거나 거부감은 없는 듯하다. 2D 콘텐츠뿐만 아니라 3D 콘텐츠를 볼 때 체험자는 화면 속 콘텐츠에 충분히 몰입을 하기도 하지만, 평면 스크린의 물리적인 경계 때문에 현실 세계와 가상 세계의 구분도 늘 인지하고 있기 때문이 아닐까 싶다. 체험자는 2D 화면에서의 체험(가상세계의 몰입과 현실세계로 빠져 나옴)에 이미 익숙해져 있기 때문에, 화면에 나타나는 여러 가지 UI가 체험자 바로 앞에 있는 스크린 경계면(마치 유리벽면)에 표시되어서 다소 이질적으로 느껴지더라도 UI가 콘텐츠를 그들이 체험하는데 방해 요인으로

▌앵그리버드 게임 화면(그림 3)

인식하지 않는다. 즉, 물리적으로 평면 스크린 내에서 체험하는 3D 콘텐츠는 그 안에 2D 방식의 UI를 활용하고 있어도 우리에게 크게 낯설지 않다.

좀 더 이해를 돕기 위해 먼저 간단히 평면 스크린상 2D 콘텐츠에서의 2D UI 사례를 살펴본 후, 평면 스크린상의 3D 콘텐츠에서의 2D UI 사례를 살펴보도록 하자. [그림 3]의 게임 화면에서 콘텐츠와 내비게이션 UI는 모두 2D 형태이다. 화면에 보이는 것처럼 상단의 정보 표시 UI와 우측의 Navigation UI가 모두 약간의 입체감을 주었다고 하여도 여전히 평면 형태이며 콘텐츠도 2D이기 때문에 화면 구성상의 느낌이 콘텐츠와 UI 사이에 큰 이질감이 없이 잘 어우러진다고 볼 수 있다.

이번에는 평면 스크린상 3D 콘텐츠에서의 UI를 살펴보자. [그림 4]의 사례는 평면 스크린상에서 경험되는 3D 게임 콘텐츠이다. 예시로 든 이 게임 콘텐츠의 경우 카메라는 Back View라고 부르는 시점을 취하며, 마치 주인공을 따라다니는 형태로 구현된다. 따라서 게임 플레이어인 체험자는 좀 더 역동적으로 가상 세계 안으로 몰입될 수 있다. 그런데 게임 플레이 중 그림처럼 이러한 3D 콘텐츠 앞에 2D 형태의 UI가 종종 표시된다. 마치 주인공을 뒤따라 다니는 카메라 유리면에 UI가 표시된 것처럼 보이기도 한다. 앞서 필자가 말한 것처럼 UI가 콘텐츠 자체와 분리되어 다소 이질감이 있게 느껴질 수 있기도 한 예라 할 수 있다. 하지만 체험자는 가상 세계로 몰입하는 동시에 관습적으로 2D 스크린이라는 물리적 인터페이스 경험

▌라스트 오브 어스 게임 화면(그림 4)

▌워 크래프트 게임 화면(그림 5)

에 익숙하여 있기에 체험자에게 이러한 2D 형태의 UI는 크게 어색하게 느껴지지 않을 수도 있다. 이는 마치 우리가 운전하는 자동차 전면 유리에 대시 보드의 정보가 함께 뜨는, 최근 증강현실 어플리케이션으로 종종 나오는 듯한 체험과 같이 느껴지기도 한다.

한편, [그림 5]는 Quarter View라고 부르는 시점으로 하늘에서 대각선으로 바라보는 3인칭 전지적 시점에서 가상 세계를 바라보는 뷰를 제공하는 게임 화면의 예이다. 이때 가상 세계는 마치 비행기나 전투기 조종사가 유리 창문을 통해 세상을 바라보듯 펼쳐진다. 이 경우도 마찬가지로 해당 UI가 그러한 창문 위에 표시되어 있는 듯한 느낌을 준다.

가상 세계로의 원격 현전

VR(Virtual Reality, 가상 현실) 속 체험자는 HMD(Head Mount Display)라는 장비를 쓰고 그 안에 있는 화면을 통해 콘텐츠를 체험하게 된다. 이는 체험자에게 단순히 화면을 보는 느낌이 아니라 가상의 공간 속에 들어가 있는 듯한 현전감을 제공한다. 조나단 스토이어(Jonathan Steuer)는 이를 '원격 현전'이라는 말로 설명하며, 이러한 매개된 환경 속에서의 감각은 물리 환경 속에서 직접 감각되는 경험보다 더 큰 실재감을 줄 수 있다고 한다.[5] 물론 평면 스크린을 통해서 영화를 보거나 게임을 할 때도 스크린 속 가상 세계에 몰입되기도 한다. 하지만 때때로 평면적 스크린이 가지는 경계는 현실 세계와 가상 세계를 명확히 구별하기도 한다. 그러나 VR HMD를 통하면 체험자는 평면 스크린에서처럼 시각적・체험적・물리적 경계를 느끼지 못한다. 어떠한 영상을 평면 스크린으로 감상할 때는 제3자나 전지적 시점에서 관찰하는 시점이라면 VR의 가상 세계로의 원격 현전은 체험자가 영상에 나오는 등장인물들과 보다 일원화되는 느낌을 받게 할 수 있다.

[그림 6]은 중동 보트 피플을 조명한 VR 다큐멘터리 영화이다. 이 영화를 HMD를 쓰고 보면 화면에 나오는 사람들 바로 옆에 있는 것처럼 느껴지게 된다. 이렇듯 영상이나 게임 같은 콘텐츠를 평면 스크린으로 체험할 때와 달리, VR HMD를 통해서 이들을 체험하는 것은 서로 매우 다른 성격을 지니게 된다. 최근에 다양한 스마트 기기와 IT 기기들이 많이 보급되면서 이러한 HMD 장비와 현전감을 활용하

▌Refugees 360 VR documentary(그림 6)

는 다양한 VOD나 게임 등의 인터랙티브 콘텐츠가 제작되고 있다. 체험자는 이런 콘텐츠에서 전통적인 영상 콘텐츠처럼 단순히 보기만 하는 것이 아니라, 콘텐츠를 직접 조작하거나 관여할 수도 있다. 콘텐츠의 인터랙티비티는 체험자는 원격 현전된 공간 안에서 단순히 콘텐츠를 재생·정지하는 것에서부터 다양하고 복잡한 정보를 조작하거나 그 가운데 원하는 정보를 추출하는 등 가상 세계 안에서 여러 가지 능동적인 행동을 할 수도 있게끔 한다. 이때 체험자는 자신의 현재 상태나 콘텐츠의 현재 상태가 화면에 표시된 다양한 스크린 UI(User Interface)를 볼 수 있게 된다.

VR HMD 환경에서의 UI

이번에는 다시 VR로 돌아와 생각해보자. VR HMD는 기존 평면 스크린과 매우 다른 성격을 가지고 있는데 평면 스크린의 특징과 비교를 해보면 다음과 같은 특징이 있을 수 있다. 〈공감 장치로서의 가상 현실〉이라는 논문에서 오영진은 다음과 같이 말한다.

> VR(Virtual Reality) 형식의 영상물에는 전통적인 미장센의 개념이 불가능하거나 없는 것처럼 보인다. 360도로 촬영된 이미지는 통제되지 않는 피사체와 배경을 남김없이 표현하고 있고, 관객 역시 특정한 프레임에 갇혀 구경하지 않기에 연출자의 의도적인 구성이라는 것이 헛되기 때문이다. 미장센(Mise-en-Scène)의 개념은 제한된 화면 안에서 최대한의 의미를 담기 위해 고도의 상징적인 배치 등을 계획하는 노력을 의미하는 것이니, 어쩌면 미장센의 존립 자체가 의문시되는 환경이다. 하지만 반대로 이미지 속 사물들의 배치를 각각의 관객의 의도로 읽어내므로 VR의 미장센은 관객의 시선 그 자체라고 보아야 하지 않을까.[6]

이 글에서 알 수 있듯이 VR HMD는 전통적인 평면 스크린의 개념과 다르다. 평면 스크린이 정해진 프레임을 활용하고 체험자의 세계와 콘텐츠의 세계를 분리하는 역할을 했다면, VR HMD에서는 스크린이 완벽하게 사라진다. VR HMD는 체험자의 시선을 모두 이미지로 채워 넣는다. 때문에 프레이밍을 통해 선택되고 배제되었던 이미지의 경계가 모호해지며 실제 물리적 공간과 가상 시뮬레이션 공간의 합일을 이루게 된다.[7] 앞서 말했듯, 이러한 VR 공간 체험을 원격 현전이라고 하는데 체험자가 스크린을 통해 콘텐츠를 바라보면서 그 속에 몰입되는 것이 아니라, 체험자 스스로가 콘텐츠의 세계 안으로 원격 현전되어 콘텐츠 안에서 콘텐츠를 직접 느끼면서 그 안에 존재하는 경험을 하게 된다. 이처럼 VR은 체험자에게 HMD를 착용함과 동시에 다른 세계로 이동하는 경험을 하게 이끈다.

그렇다면 이러한 VR HMD 안에서 UI는 어떻게 구현되고 있을까?

VR에서 원격 현전된 체험자는 볼 수 있는 영역이 제한되는 평면 스크린과 달리, 360도 환경 속에서 자신이 보고 싶은 것을 선택하여 볼 수 있는 시선의 자유를 갖는다. 이러한 VR 체험을 위한 VR 영상 콘텐츠 제작에서는 이처럼 프레임이 사라지는 듯한 경험을 '프레임의 부재'라 표현하기도 한다.[8] 앞서 기존 평면 스크린에서는 프레임의 존재 때문에 외화면과 내화면의 개념이 나타나게 되고, 이 개념을 이용해서 콘텐츠뿐만 아니라 UI의 구현 방법도 다양해질 수 있다고 하였다. 하지만 VR HMD 안에서 프레임의 부재는 외화면과 내화면의 긴장구도를 사라지게 한다. 외화면과 내화면의 구분이 아예 사라지기 때문이다. 그래서 기존 제한된 프레임에서의 UI 개념을 활용한 기존의 구현방법들을 활용하기보다는 새로운 공간적 체험에 알맞는 새로운 UI 개념과 구현 방법이 필요할 수 있다.

▮오큘러스 홈 화면(그림 7)

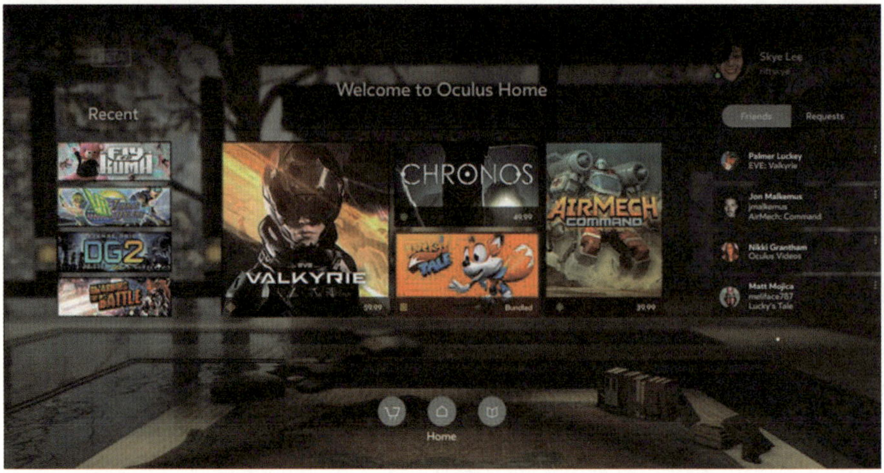

한편 프레임의 부재와 시선의 자유도와 연관지어 좀 더 깊이 생각해야 할 지점이 하나 더 있다. VR HMD 환경에서 프레임이 사라지기는 했지만 체험자가 한번에 360도 공간을 모두 볼 수 있는 것은 아니라는 점이다. 이는 체험자의 시야각이 제한되기 때문에 생기는 것이다. 이러한 시야각의 제한 때문에 고정된 프레임은 없다고 하여도 암묵적으로 시선의 프레임이 존재한다고 볼 수도 있다.[9] 그리하여 이 암묵적 프레임의 개념을 활용해서 외화면과 내화면의 개념을 이어올 수도 있을 것이다.

이러한 VR HMD 환경을 생각하며 다시 한번 이러한 공간에서 구현되는 화면 UI를 생각해보면, 얼핏 VR의 경우 그 내부의 UI는 매우 다양한 형태로 구현될 수 있겠다고 생각하기 쉽다. 하지만 아쉽게도 현재까지는 평면 스크린에서 구현된 2D 형태의 UI가 관습적으로 VR HMD 환경에서도 구현되고 있음을 살펴볼 수 있다.

위의 그림은 VR 장비 중 하나인 오큘러스의 홈 화면을 보여준다. 이 VR 공간에서 2D 형태의 UI는 체험자의 시선 바로 앞에 불투명 막과 같은 매개체상에 표시되는 것처럼 보인다. 이러한 평면 형태의 UI는 사용자가 어디를 보는가에 따라 위치 선정이 중요하기 때문에, 대부분 사용자의 시선을 따라다니는 경우가 많다. 따라서 이러한 UI는 체험자의 눈에 상이 맺히는 느낌이라고 말할 수 있는데, 눈 위에 UI가 표시되는 렌즈를 끼고 있는 듯한 느낌을 주기도 한다. 때문에 VR 공간상에서의 2D UI는 평면 스크린으로 볼 때보다 좀 더 이질감을 느낄 수 있게 한다. 앞서 체험자는 콘텐츠를 경험하는 가운데 어떤 콘텐츠상의 작동과 진행의 제어나 보다 깊이 있는 콘텐츠 공간을 탐색하거나 콘텐츠에 대한 정보 표현을 위한 UI를 인지하고 상호작용하게 된다고 하였다. 이때 UI는 콘텐츠 자체의 내용이나 공간과 구별되어 인지된다. 이처럼 UI가 콘텐츠에 완전히 녹아 들어가지 않고 어느 정도 이질감을 통해 UI와 콘텐츠를 구별해내는 것이다. 이때 이러한 UI적 표현은 체험자에게 큰 거부감을 느끼게 하지는 않지만 아무리 거부감이 없다고는 하여도 좀 더 공간 속에서 이질적이지 않게 어울릴 수 있는 화면 UI 구현도 탐색될 수 있겠다. 오큘러스 홈 화면의 경우 이는 콘텐츠 자체 속에 들어가 있는 UI라기보다는 그 이전 단계에서 콘텐츠를 고르는 단계에서 나타나는 UI이기에 이러한 디자인이 크게 어색하지는 않으나, 이러한 VR상의 UI가 평면 스크린에서의 느낌보다 더 큰 이질감을 주는 것은 사실이기 때문에, VR 콘텐츠의 용도에 따라 적절히 사용하는 것이 필요하다고 생각된다.

한편, [그림 8]과 같은 경우는 VR 공간에서 UI 자체는 평면이지만 좀 더 입체감이 느껴지도록 곡면으로 구부러진 형태로 구현한 UI이다. 이는 체험자를 둘러싸

VR cards experiment by Marien Gauthier(그림 8)

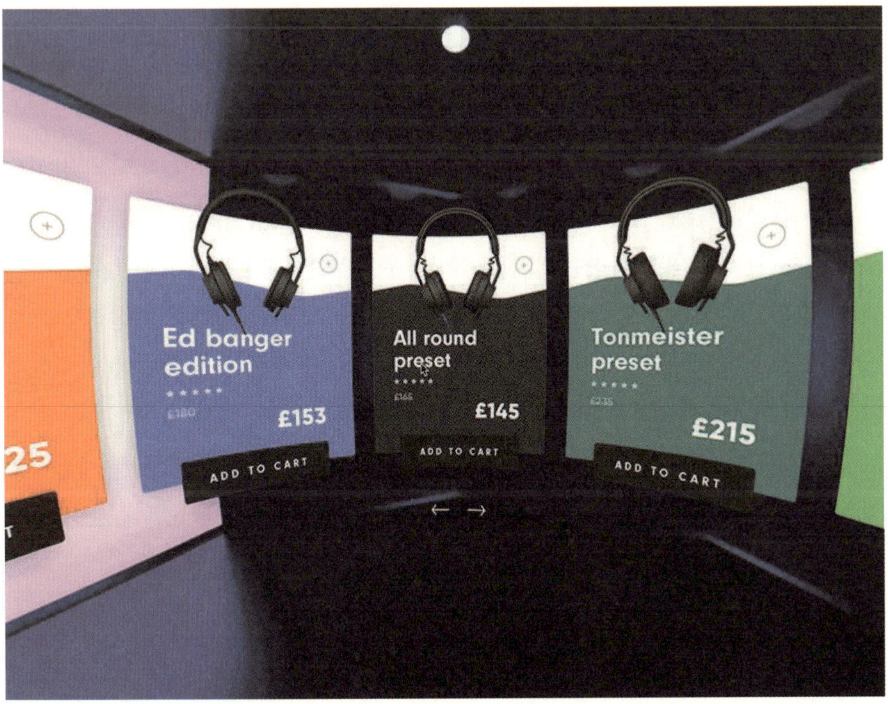

▌Cosmic Trip 게임 화면(그림 9)

는 느낌으로 화면에 표시되어 체험자가 좌우로 시선을 돌려가면서 UI를 볼 수 있도록 일반 평면 형태보다 더 공간감을 준 경우이다. 이때 UI는 눈 바로 앞에 상이 맺히는 느낌보다는 체험자와 인접해 있는 공간에 배치되어 있다는 느낌을 주게 된다. 이는 위에서 말한 망막에 맺히는 느낌의 평면 형태의 UI보다 좀 더 VR 환경에 어울리게 안치된 느낌을 준다.

또한 VR HMD상의 공간에 배치된 사물 형태의 UI도 VR UI 중 하나의 방식으로 사용된다. [그림 9]에서 UI는 VR 공간 안에 놓여있는 여러 사물들이 제어기나 정보를 표현하는 UI 역할을 하는 경우다. 이 경우 VR 환경과 UI 사이에는 시각 경험의 일체감이 매우 높아질 수 있다. 하지만 앞서 기술한 3D 공간에서 이질적으로 구별되는 2D 형태의 UI와 달리 이 경우의 UI는 VR 환경이나 UI 사용법에 익숙하지 않은 체험자들에겐 오히려 이러한 가상 세계에 놓여진 사물 형태의 UI가 제어나 정보를 표현하는 UI라는 느낌을 주지 못할 수도 있는 단점도 가진다. 또한 체험자의 시야각 등 시선 방향에 따라 시야각 안쪽으로 사물 형태의 UI가 한번에 보이지 않으면 UI의 존재 및 UI의 위치를 인지하지 못할 수도 있는 단점도 존재한다.

성학십도 VR의 UI

디스플레이를 통해서 표현되는 UI는 콘텐츠의 내용이나 상태 정보를 전달하거나 또는 시스템 상태를 제어하고자 하는 UI로 생각해볼 수 있다. 그 중에 이 글에서는 콘텐츠 간 이동을 제어할 수 있는 UI 구현에 대해 이야기하고자 한다. 콘텐츠 간 이동을 제어하는 UI는 주로 '내비게이션' 또는 '메뉴'라는 표현을 사용한다. '메뉴'라는 표현은 이동을 제어하는 '내비게이션' 뿐만 아니라 사용자의 상태를 변경하거나 시스템의 다른 부분을 제어하는 경우도 일반적으로 '메뉴'라고 부르는 경우가 있기 때문에 콘텐츠 간 이동 역할을 하는 UI임을 강조하기 위하여 '내비게이션' 이라는 명칭으로 결정하였다.

성학십도는 10개의 '도'가 모두 모여서 하나의 전체 내용을 구성하고 있고 각 '도'의 내용은 세부내용으로 구성되어 세부 영역으로 구분할 수 있게 되어 있기 때문에 전체적 내용 구성 또한 계층적으로 구성되어 있다고 할 수 있다. 그래서 아래 그림과 같이 계층적 구조로 표현할 수 있다.

[그림 10]처럼 성학십도 각도의 세부 영역(세부 영역에 대한 내용은 성학십도 VR 챕터에서 다룬다)까지 포함해서 콘텐츠의 전체 윤곽을 계층화했을 때 이 콘텐츠를 연속적으로 구현할 것인지 비연속적으로 구현할 것인지에 대한 결정이 필요하다. 일반적으로 우리가 쉽게 접할 수 있는 웹사이트의 콘텐츠는 비연속적인 콘텐츠이기 때문에 사용자가 웹사이트의 모든 콘텐츠를 일련의 정해진 흐름으로 볼 필요가 없기 때문에 항상 '내비게이션'을 통해 다른 콘텐츠로 이동이 가능하도록 구현하면 된다. 하지만 성학십도는 1도부터 10도까지 각 내용이 독립적으로 구성되어 사용자가 비연속적으로 콘텐츠를 이동하면서 내용을 체험할 수도 있지만, 모든 내용이 각도 순서의 일련의 흐름대로 내용이 연결되어 구성되어 있기도 하기 때문에 사용자가 1도부터 10도까지 순서대로

▌성학십도 중 1도부터 3도까지 계층적으로 도식화한 이미지(그림 10)

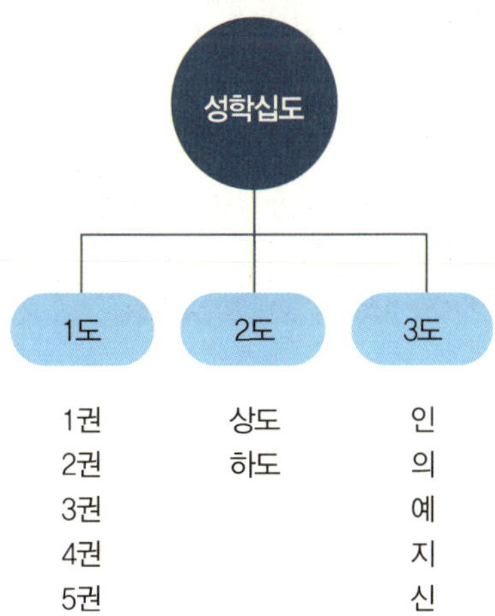

성학십도 병풍(위)과 성학십도 VR의 Macro Navigation UI(아래)(그림 11)

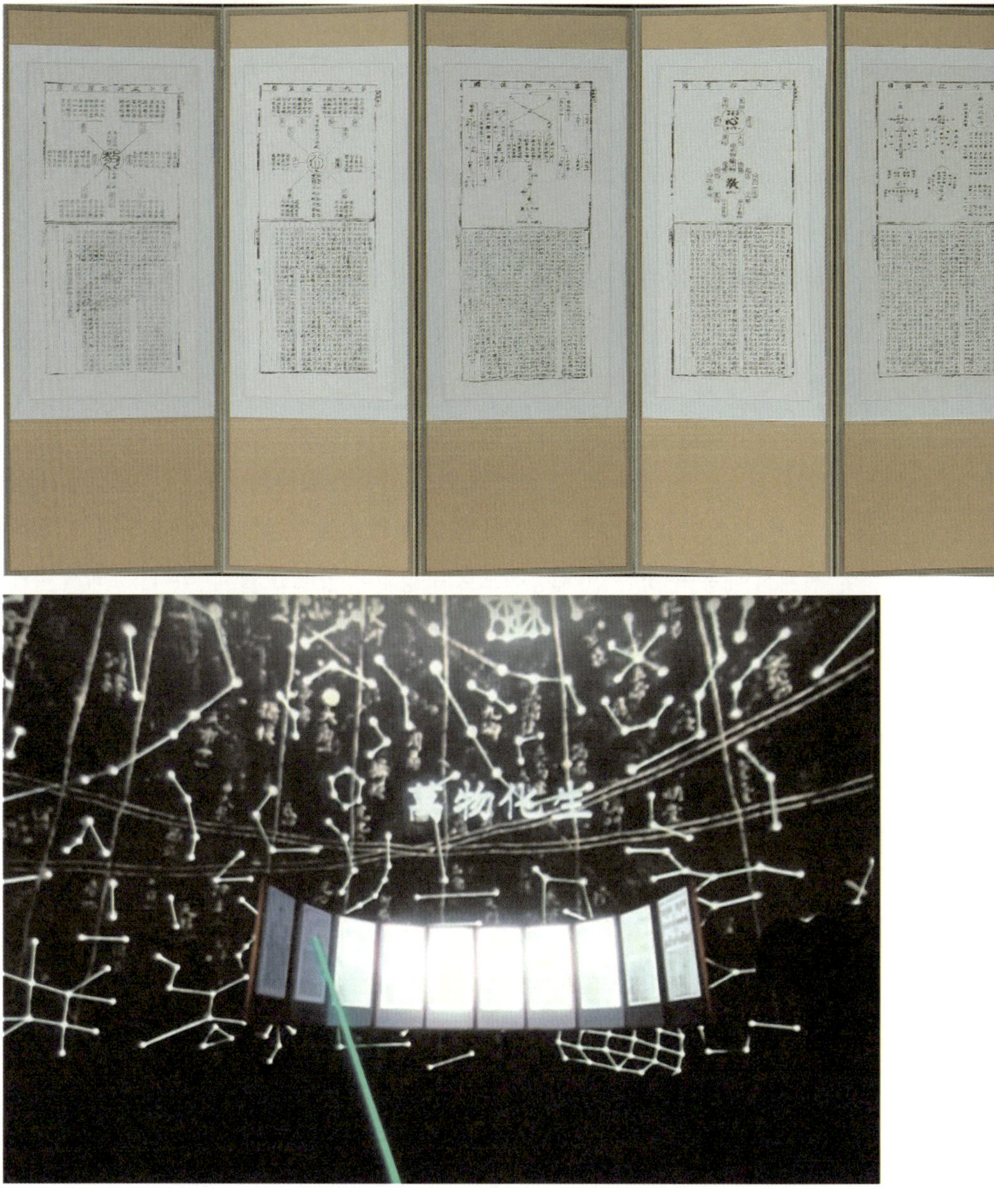

체험할 필요도 있다. 그래서 성학십도의 각 도의 콘텐츠들 간의 이동 방식을 연속적 흐름과 비연속적 흐름 모두를 적용하였다. 사용자가 1개의 도의 내용을 끝까지 체험한 후 별다른 동작을 행하지 않을 때 바로 다음 도의 콘텐츠로 연속해서 이동하도록 하였고, '내비게이션'을 구현해서 각 '도'를 비연속적으로 이동하면서 체험

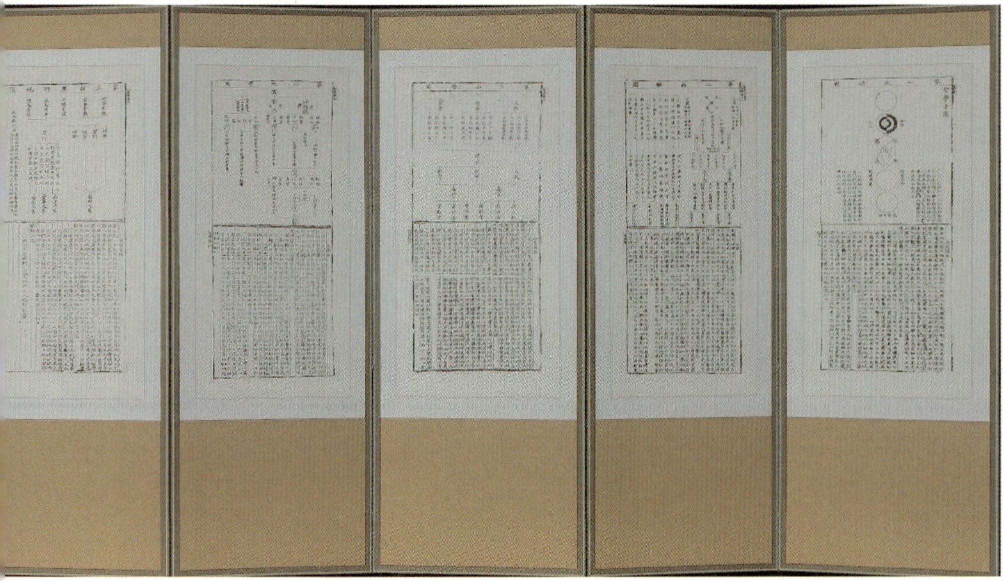

할 수 있도록 하였다. 이는 1도부터 10도까지 내용은 순서대로 연결되지만 내용의 구성은 구조적으로 표현되어 비연속적 연결이 가능하도록 구성된 성학십도의 특징을 따른 것이다.

이러한 특징대로 본 연구팀이 구현한 성학십도 VR에서는 각 10개의 '도'와 그 안에 포함된 소분류 영역들을 각각의 VR 공간으로 구성하고 있으며, 이 각각의 공간들을 체험자가 원하는 대로 자유롭게 이동할 수 있도록 하기 위하여 구성하고 있다. 이렇게 모든 VR 공간이 제작되고 나면 그 이동을 도울 수 있는 내비게이션을 제작하고자 한다. 이 내비게이션은 트리 구조 개념으로 구성될 것이다. 즉, 큰 챕터의 역할을 하는 '도'를 이동하는 대분류 메뉴와 각 '도'에 하위에 포함되는 '권'이나 또 다른 하위 '도'로 분류되는 소분류 영역들을 이동하는 메뉴가 각각 구성되어야 한다. 이 중 그 일부로서 제작된 몇 개의 사례를 여기서 논하려 한다. 현재 우리 연구팀은 편의상 이런 대분류 메뉴 역할의 UI를 Macro Navigation UI라고 하며, 소분류 메뉴 역할의 UI를 Micro Navigation UI라고 부른다.

[그림 11]은 본 연구팀에서 현재 제작 중인 성학십도 VR 콘텐츠의 Macro Navigation UI이다.

Macro Navigation UI의 병풍 형태의 UI는 앞서 사례에서 설명했던 여러 가

▌성학십도 1도-태극도(왼쪽)와 성학십도VR에서 Micro Navigation을 나타나게 한 화면(오른쪽)(그림 12)

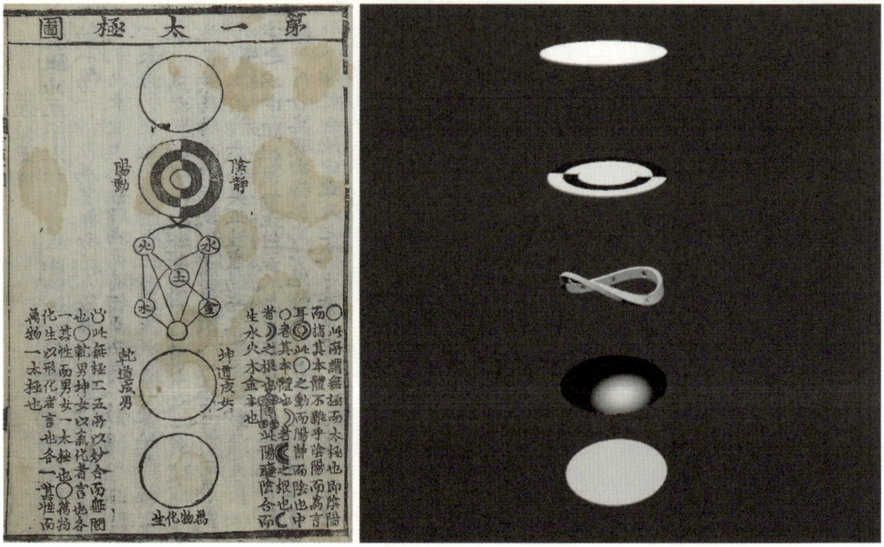

지 UI 형태들의 특징들을 분석한 후 의견들을 종합하여 구현한 성학십도 VR 공간에 최적화된 UI이다. 각 '도'의 VR 공간을 이동할 수 있는 대분류 내비게이션 역할을 하는 UI로서 실제 성학십도가 병풍으로 제작되었다는 점에서 착안해서 병풍 형태의 UI로 구현하게 되었다. 즉 이 UI는 성학십도의 병풍 형태를 그대로 가상 공간 속에 가져온 것이라 생각하면 된다.

이 병풍 형태의 UI는 3D 사물 형태로 구현하였지만, 사물이 공간에 섞여 보이도록 구현하지 않고, 크기나 위치를 어느 정도 왜곡시키고 공중에 띄운 형태로 구현하였다. 그리하여 체험자로 하여금 병풍이 일반 사물이 아닌, UI임을 구별되어 명확하게 인지할 수 있도록 만들었다. 병풍 UI는 또한 체험자의 시선을 따라 다니도록 디자인하였다. 이는 체험자의 시선 바로 앞에 표시되는 2D 형태의 UI 장점과 입체감과 공간감을 느낄 수 있는 3D 형태의 UI 장점을 접목해서 제작한 것이다.

한편, 각 '도'에 포함된 소분류 공간을 이동할 때 사용하는 Micro Navigation이라 칭하는 UI는 각 도에서 보여주는 도상학적 기호의 모습과 형태, 그리고 그 내용의 연결고리에 따라서 시각화하고 특징을 살려 구현하고자 하였다.

[그림 12]처럼 성학십도 1도-태극도는 가운데 5개의 그림과 함께 5개의 권으로 나뉘어 내용이 구성되어 있다. 5개의 권이 모여서 1도의 내용을 구성하고 있는

▌성학십도 2도-서명도(왼쪽)와 성학십도 VR에서 Micro Navigation을 나타나게 한 화면(오른쪽) (그림 13)

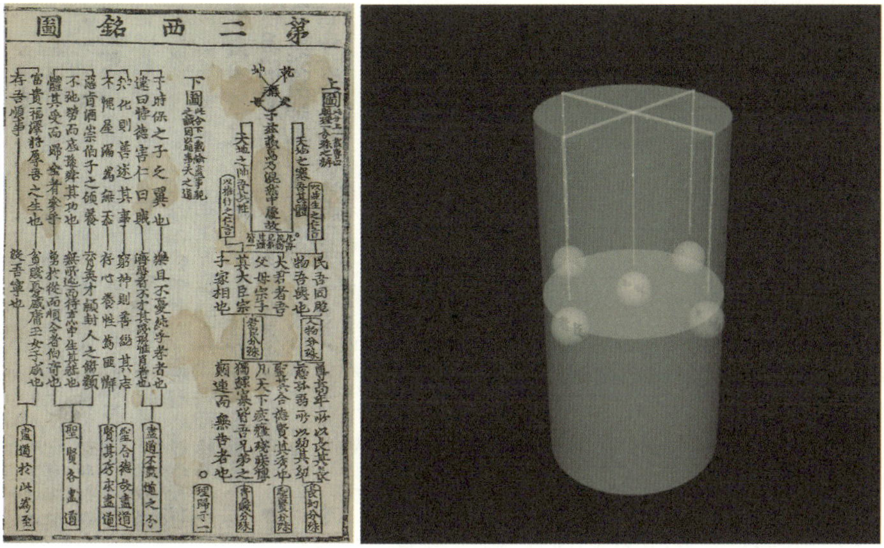

것이다. 그래서 성학십도 VR에서 1도의 VR 공간을 각 권당 1개의 VR 공간으로 구성하여 총 5개의 콘텐츠를 구현한 뒤 성학십도 1도에 있는 그림 자체를 세부 내용의 Micro Navigation으로 구현해서 각 권을 이동할 수 있도록 구현하였다. 이동시 VR 컨트롤러를 사용해서 화면에 나타나게 한 후 각 원형 개체를 선택하면 해당 권으로 이동할 수 있다.

[그림 13]처럼 성학십도 2도-서명도는 상도, 하도로 구성되어 있고 상도 내용에서 하도 내용으로 진행하는 형태로 되어 있고 상도의 '건칭부 곤칭모'가 표시되어 있는 부분이 하늘을 의미하기 때문에 원형을 사용해서 전체 원통형태로 구성하게 되었다. 이 원통의 상도에서 하도로 진행하게 되면 진정한 도에 이르게 된다는 의미를 반영해서 원통 안쪽의 개체들을 구성해서 시각화하였다. 2도 서명도는 2개의 세부영역인 상도 하도로 구성되어 있기 때문에 원통형 내비게이션에서 윗부분또는 아랫부분을 컨트롤러를 사용해서 선택하면 해당 도로 이동하게 된다.

성학십도 VR Navigation UI Interaction 디자인

성학십도 VR 내비게이션 UI는 체험자로 하여금 내비게이션이라는 본연의 목적과 표현 형태에 있어서 재미를 느낄 수 있도록 2D 형태의 UI의 특징과 3D 형태의 UI의 특징 중 장점이라 여겨지는 부분들을 접목해서 구현하게 되었다.

성학십도 VR UI는 체험자가 콘텐츠를 감상하다가 다른 VR 공간에 있는 콘텐츠로 이동하는 등 콘텐츠 감상 진행을 제어하고자 할 때마다 VR 컨트롤러를 통해 언제든지 불러올 수 있게 하였다. 즉, 평소에는 사라져 있다가 필요할 때 불러내어 일반 UI처럼 화면에 나타나게 할 수 있게 한 것이다. 또한 나타날 때 체험자의 시야각에서 벗어나지 않도록 항상 체험자의 시야각 정중앙에 표시되도록 하였다. 나타나 있는 동안 체험자의 시선을 따라 다니도록 해서 체험자가 VR 가상 세계 이곳 저곳을 보는 동안 시야각에서 벗어나서 체험자가 다시 찾는 일이 없도록 한 것이다. 이는 일반적으로 2D 형태 UI에서 자주 구현되는 방식을 도입한 것이다.

현재 우리 연구팀은 전체 성학십도 열 개의 도를 관통하는 Macro Navigation UI와 1도 태극도, 2도 서명도의 Micro Navigation UI를 제작한 상태이다. 열 개 도에 대한 VR 콘텐츠가 모두 제작되면 그 이후 나머지 도들에 대한 Micro Navigation UI를 모두 제작할 예정이다. 모든 UI가 다 만들어지고 나면 이들을 자유롭게 조정하며 성학십도 VR 속 공간을 탐험할 수 있게 될 것이다. 그 사이 VR 속 UI도 새로운 시도들이 많이 나오고 개발될 것이라 생각하지만, 우리 연구팀도 이러한 VR UI 연구를 계속 이어나가 더욱 실험적이고 창의적인 시도를 더 해볼 계획이다.

미주

❶ 재매개는 제이 데이비드 볼터와 리처드 그루신(Jay David Bolter & Richard Grusin)이라는 미디어 이론가들이 제시한 개념이다. 볼터와 그루신은 뉴미디어가 기존의 미디어를 개조(refashion)하는 것으로 모든 매개는 재매개라고 말한다. 어떤 미디어든지 뉴미디어와 그 이전의 미디어 사이의 관계에서 생각해야만 하기 때문이다. VR HMD 역시 새로운 미디어이지만 기존 미디어의 성격을 완전히 배제하지 않고 이어지고 있는 점들이 존재한다.

❷ Steuer J. 1992

❸ 앙드레 바쟁. 1998

❹ 이현진. 2011

❺ 오영진. 공감 장치로서의 가상 현실. 한국문학연구. 2017

❻ 이동은, 손창민. 2017

❼ 신홍주. 씨네포럼. 2018

참고 문헌

재매개 : 뉴 미디어의 계보학. 제이 데이비드 볼터, 리처드 그루신. 1951

Steuer J. Defining Virtual Reality: Dimensions Determining Telepresence. Journal of Communication. 1992

앙드레 바쟁. 영화란 무엇인가?. 서울 : 시각과 언어. 1998

이현진. 경계(境界)적 대상으로서의 스크린. 기초조형학연구. 2011

오영진. 공감 장치로서의 가상 현실. 한국문학연구. 2017

이동은, 손창민. 시각 미디어의 진화에 따른 VR 매체 미학. 만화애니메이션 연구. 2017

신홍주. VR 콘텐츠의 암묵적 프레임 연구. 씨네포럼. 2018

참고 링크

Refugees 360 VR documentary – Awarded Best Independent film by Scopic.

https://www.youtube.com/watch?v=z9HEGHOk5hM

聖學十圖 VR

탠저블 필로소피: 성학십도 VR

Chapter

08

연출가의 변수

박진훈

고립의 시작

HMD(Head-mounted display)를 뒤집어 쓰는 것은 꽤나 용기가 필요하다. 이미 익숙해져 버린 현실의 공간을 뒤로 한 채 앞이 보이지 않는 어둠의 공간을 가로질러 가상 현실의 낯설고 새로운 공간으로 이동하기 때문이다. 반구(半球) 형태의 보이지 않는 프레임❶ 속에 시각을 가두는 일이야말로 신체의 감각을 초월하여 온전히 시각으로만 집중하는 새로운 고립의 형태이다.

고립적 미디어, 즉 자기 자신을 가두는 미디어는 현대에만 존재한 것이 아니라 이전부터 다양한 형태로 존재해 왔다. 동양, 그 중 한국을 기준으로 볼 때 대표적인 것이 바로 성학십도(聖學十圖)이다. 퇴계 이황이 68세 노구를 이끌고 자신이 끊임없이 추구했던 성리학의 본질을 압축된 다이어그램과 문자로 요약한 성학십도는 그 근본 취지가 군자, 즉 왕이 우민한 백성을 잘 보살피기 위해 철저한 자기 수양으로 성리학의 본질인 성을 쌓는 것이 요체였으며, 어린 선조가 성왕이 되길 바라며 쓴 일종의 가이드 북이었던 셈이었다. 그리고 이러한 본질의 전달을 위해 그 시대의 주도적 미디어였던 병풍을 이용, 그 안에 자신의 철학을 온전히 새김으로써 결과적으로 왕을 중심에 놓고 쉼없이 옭매려 시도함은 완성되었다. 아마 퇴계는 병풍을 통해 선조가 성리학에 완전히 고립되며 몰입하길 바랐을지도 모른다. 사실 고립과 몰입은 어떠한 면에서 동일 선상을 걷고 있다.

만약, 대상에 대한 완전한 몰입과 그 경험을 전달할 수 있는 장치만 있었다면 이 모든 문제가 해결되겠지만, 동서고금을 막론하고 아쉽게 이러한 장치들은 발명되지 못했다. 따라서 당시의 기술에 의존한 효율적 미디어를 이용하여 전달을 하여야만 했다. 그 옛날 기술이 미천한 시절 퇴계가 선조에게 자신의 경험과 지식을 여러가지 도형을 이용하여 병풍이란 미디어로 전달하는 것이 효과적이었듯, 현 시대 알맞은 미디어를 선택하여 전달하는 것이야 말로 경험과 철학을 공유하는 융합 연구에서 가장 중요한 연구 고려 사항인 것이다. 따라서 효과적인 몰입을 위한 미디어의 선택은 어떠한 점에서 이루어져야 하는지, 또 그에 따른 연출적 인지사항은 무엇인지, 함께 알아보며 논의를 이어나가기로 하자.

VR의 시작

동양 철학, 그 중에서 한국 철학은 이해하기 쉬운 대상이 아니다. 물론 설명하기도 만만치 않다. 영화처럼 상상력을 그대로 전달하는 획기적인 장치가 발명되었다면 좋았겠지만 아쉽게도 그러한 일은 일어나지 않았고 당분간 일어나지 않을 것이다. 익히 알고 있는 사실이겠지만 전달적 속성을 가진 미디어는 시대적 반영과 함께 관람자에게 다가간다. 따라서 자신의 사상이나 상상력을 가장 효율적으로 현실에 담을 수 있는 새로운 그릇은 시대마다 매 순간 필요했다. 다음과 같은 맥락을 이해하며 퇴계의 관점을 설명한다면 성학십도는 당시의 시대적 상황의 최선의 선택이었는지 모른다. 퇴계는 자신의 인생만큼 축적된 경험과 사상을 온전히 전달하기 원했고, 말과 글 그리고 도형으로 자신의 경험과 사상을 타자, 즉 왕에게 온전하게 전하며 동시에 그 속으로 몰입시키길 바랬다. 따라서 몰입에 필요한 최적의 공간을 선택하였고 불필요한 요소는 삭제되며 집약적이지만 은유적인 메시지의 완성은 필연적으로 창조의 결과물이었다.

선조에게 병풍을 만들어 끊임없이 몰입하려는 그의 의도는 효율적 가치를 위한 최선의 선택이었던 것이다. 그렇다면 그 오래전 퇴계가 그랬듯, 우리 팀은 '오늘날 알기 쉽게 설명하고 몰입에 가까이 갈 수 있는 미디어는 무엇인가?' 하는 고민이 시작되었고 몰입의 극대화를 위해 VR을 선택하였다. 성학십도 1도 태극도(太極圖)는 VR의 효과적인 활용을 잘 설명해줄 수 있다. 태극도의 기본 개념은 존재하고 근본을 자각하게 하는 우주론에 대한 해석이다. [그림 2]에서 알 수 있듯 도형의 대부분이 원형의 형태를 띄고 있는데 이는 태극의 이론이 만물합일(萬物合一), 즉 세상 모든 것과 내가 동일시 되는 원칙에 따라 그 중심에 나로 맞추고 있음을 상징한다. 따라서 성학십도 1도 태극도에 나타난 다이어그램과 목적성과 VR의 목적성이 정확히

▌성학십도 병풍 이미지(그림 1)

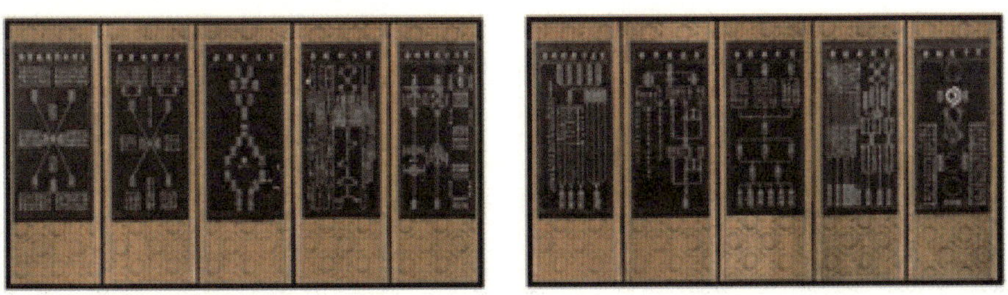

일치하며, 이 두 매체가 공통적으로 지향하는 중심으로써 나에 대한 발견을 가능하게 한다. 이에 VR이란 매체는 성학십도의 몰입을 위한 효과적이고 상징적인 매체가 될 수 있으리라 생각되었고, 각 도에 적절한 비유와 이미지의 공급으로 관객의 몰입을 극대화할 수 있으리라 판단되었다.

따라서 성학십도와 VR의 필연적 첫 만남인 태극도에 내포되어진 상형적 5개의 다이어그램의 형상적 해석은 VR 융합연구 성패의 방향키일 뿐만 아니라 연출적 측면에서 매우 중대한 의미를 가지게 되었다. 이에 따라 각 도가 가진 고유한 특성에 맞게 구분하는 것과 함께 VR의 특성을 각 도의 해석과 융합하고 그에 따른 이미지를 생산해내는 일이야 말로 매우 중대한 요소가 되어버렸다. 또한 아울러 항상 고민해야 할 부분이 관람객에 대한 몰입이다. 즉 그 중심에 관람객의 자아를 놓고 어떻게 그의 감각을 극대화할 것인가? 이는 연출가의 관람객의 인지 부분에 대한

▌성학십도 1도 태극도 원본 이미지(그림 2)

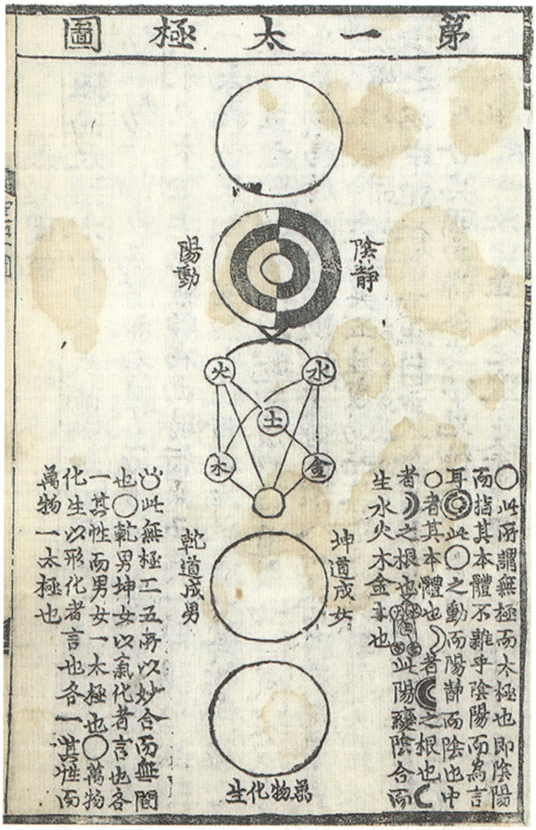

탐구로 이어지는 중대한 전환적 고리의 역할을 하고 있다.

예를 들어 1도의 2권에서 같은 공간에서 해가 지고 해가 뜨는 것을 우리는 상상할 수 있지만 실제 공간에서 경험하지 못한다. 이러한 상상적 시공간을 구현하기 위하여 우리는 처음으로 이것은 컴퓨터 요소의 그래픽을 통해 구현을 시도하였으나, 결국 실제 촬영한 영상의 요소를 차용하여 상상적 시각화를 완성하는 것이 훨씬 효과적이라고 그 제작 방법을 변경하였다. 따라서 1도에 나타나는 상형적 5개의 다이어그램은 각기 특성에 맞게 구분하고 실사 중심의 VR과 그래픽 요소를 중심으로 하는 VR로 나누어 제작하며, 그에 따른 관람객의 연관된 움직임을 관찰하는 방법을 택해야 했다.

현대는 엄청난 기술의 발전으로 새로운 몰입의 세계로 이끌고 있다. 특히 움직임을 가미한 영상, 영화적 요소는 파생적 가치를 더하여 VR이라는 새로운 매체로 다가왔다. 이는 단순한 하나의 미디어가 개발된 것 뿐만 아니라, 몰입을 위한 시각적 가치가 파생된 것이다. 따라서 시각적 정립의 새로운 기준을 세워야 하며, 그에 따른 경험을 바탕으로 하는 선행적 연구가 더욱 절실하게 필요해졌다. 세상은 늘 그렇듯 새로운 기준이 세워지면 그에 따른 효과적인 방법을 연구한다. 따라서 우리 팀은 새로운 기준으로 시각적 극대화의 경험을 줄 수 있는 VR만의 방법과 그에 따른 문제점에 대해 철저히 살펴보아야만 하였다. 연출자 또한 이렇게 새로운 기준 앞에서 관람자 스스로가 몰입감을 바탕으로 VR 속에 내포되어진 의미를 효과적으로 받아들일 수 있게 구조와 특징을 숙지하여 쉽게 관람객이 VR 내부에 정착할 수 있도록 늘 고민해야만 한다.

시점에서 시작되는 문제점들 **시점, 시공간, 미학적 변화**

VR은 기존 매체와 달리 움직임과 더불어 시점에서 파생되는 여러 가지 상황들을 연출가는 항상 숙지하여야만 한다. 일반적으로 영화를 포함한 영상을 표현할 때 객관적 · 주관적 표현 요소를 위해 1인칭 혹은 3인칭 관점을 적절히 이용하여 촬영한다. 이는 기존의 영상이 감정선을 조정하여 다양한 관객을 한꺼번에 몰입의 세계로 유도하기 위한 장치이다. 반면에 VR은 개인의 체험을 중요시하기 때문에 표현의 주인공이 되는 경험을 하게 되며 주인공의 시점을 통해서 가상의 공간을 탐험한다.

▌1인칭 관점 VS 3인칭 관점❷ (그림 3)

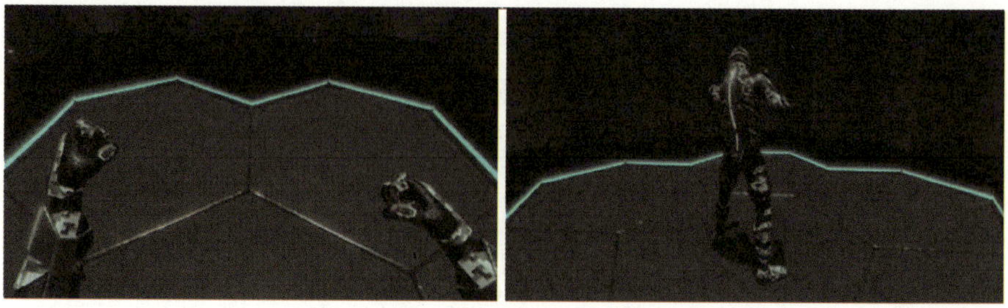

때로는(주로 게임에서) 몸의 구체화, 공간적 존재감 등을 위해 주인공의 시점을 벗어나려는 노력을 하기도 하지만 게임이 아닌 대부분의 VR 영상에서 몰입감을 극대화 하기 위해 구체적 감각과 소유권의 중심인 1인칭 주인공의 시점을 차용하게 되는 경우가 많다.

POV(Point of View) 샷을 통해서 영상 전체를 투영하는 것은 기존의 영상 표현에서 제약적 요소였지만, VR 영상의 몰입의 관점에서는 이것이 훨씬 효과적일 수 있다. 하지만 자칫 시간이 길어지면 지루함을 동반한 VR 멀미와 몰입감 저하로 이어질 수 있기에, 1인칭 관점의 VR 영상을 제작하는데 가장 고려해야 하는 부분은 시점의 이해와 동시에 시간적 배분이다.

영화와 달리 VR 스토리를 설명하는데 표현적 제약들은 아직까지 존재한다. 이러한 필연적 단점을 몰입감으로 극복하는데 몰입이 유지되는 시간의 안배는 절대적으로 필요하다. 단적인 예로 초기 VR 영화가 굉장한 몰입감을 가지고 관객을 유혹했음에도 불구하고 흥행이 전무한 것은 시점과 몰입감의 관계에 대한 이해 부족으로 인해 지속적인 멀미 유발과 함께 장시간의 관람에 지친 관람객의 몰입성 저하 때문일지도 모른다. 현재는 몇몇 훌륭한 단편 VR 영화들의 노력으로 이러한 표현적 영역이 많이 개선되기는 하였지만, 여전히 한 시간이 넘는 VR 영상을 제작하는 일에는 많은 어려움이 따르는게 사실이다.

초기 성학십도 연구에서도 앞서 언급한 상황들은 종종 발생되었다. 1도의 2권과 4권에서 나타나는 영상의 처음 러닝타임은 약 20분 내외였다. 하지만 아무리 의도가 좋고 의미가 있다 하더라도 일정한 러닝타임을 넘어서는 것은 관람객의 몰입성에 저하를 불러일으켰고 이러한 이유로 인해 선택과 집중적 요소를 가미, 최종 영상은 10분의 1가량으로 줄어들어 2분 내외로 축소되었다. 따라서 VR 멀미로 인

태극도 2권, 4권 이미지(그림 4)

한 핸디캡 해소와 더불어 효과적 의미전달을 가중할 수 있는 계기가 되었다.

미학적 부분도 VR 촬영에서 신경써야 할 요소다. 크게 2가지 정도로 나누어지는데 '프레임 확장' 부분과 '바라봄'의 부분이다. 차례대로 살펴보자. 사진에서 시작된 이미지의 고정은 4개의 점들이 이어진 직선, 즉 프레임이라는 직사각형 위에 존재했다. 영화 역시 순간적이며 다중 배열을 프레임에 가두어 그 미학적 표현을 완성시켜 나아갔다. 하지만 VR의 등장으로 인해 프레임으로 표현되는 영상의 인과관계는 사라지고 360도의 공간만이 그 역할을 대신하게 되었다. 이는 100년 가까이 구성해온 영상 미학의 근간을 뒤흔들었고, 연출가는 기존의 연출보다 더욱 큰 공간을 구성해야만 했다. 이는 연출 구성의 깊이를 가중시키는 행위이자 선택하는 자에 선택받는 자리로 위치 이동되어 버렸다. 다시 말해, 이전의 연출가는 프레임에 들어갈 일정 부분을 결정하는 자에서 깊은 공간의 구성자로 역할이 이전되었으며, 관객의 선택적 판단을 기다리는 존재로 전락해버렸다. 따라서 바라봄의 이끄는 역할이 상대적으로 중요해졌는데 이는 가장 먼저 360도의 공간에서 '어디를 앞쪽으로 둘 것인가?'라는 근본적인 좌표 설정부터 시작될 수 있다. 즉 감정선을 따르는 측면을 강조했던 기존 영상에서 공간적 구성을 우선으로 제작하는 연출의 변화가 시작되었다. 바라봄의 선택을 기초로 연출자는 공간을 염두해가며 재미 요소 혹은 중요한 콘텐츠적 요소를 시선을 끄는 연출을 통해서 전달 해야하는 숙제가 생겨버렸다.

마지막으로 보는 공간의 변화이다. 이전 영상 혹은 영화는 다중의 사람들이 동시에 하나의 프레임을 시청하면 되었다. 그러나 표현 영역의 확장으로 인하여 이러한 부분은 지극히 개인적인 공간으로 전락해버렸다. 물론 풀돔(full dome)이라는 다수의 사람이 반구 형태의 중심부에 들어가고 스크린 역시 반구의 형태를 띄는 예

Field of view Comparison[3] (그림 5)

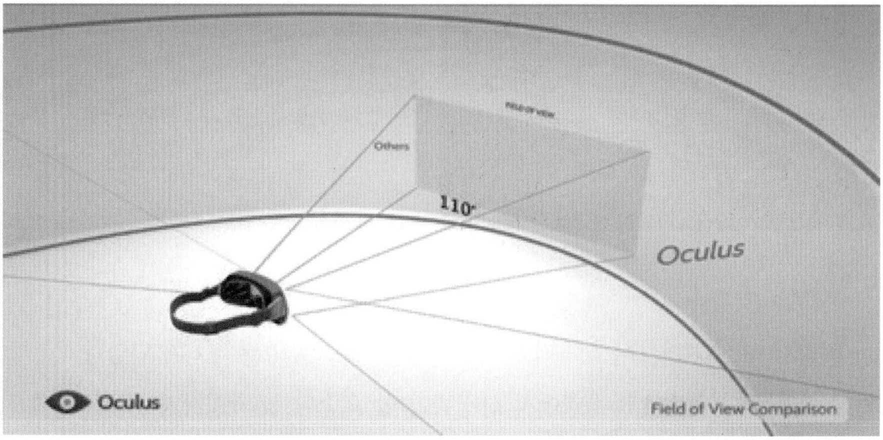

외적인 상영 방법이 있지만 이 역시 VR의 체험적 몰입감과는 큰 차이가 있고 상영관의 수적인 부분이나 상영 수준에도(현재 풀돔의 수준은 영화보다는 별자리나 간단한 애니메이션 정도를 상영하고 있다) 현재의 VR과 차이가 있기 때문에 이 풀돔의 존재는 무시해도 무방할 것이다. 따라서 사운드 시스템을 제외하더라도 극장의 감각은 유지할 수 없게 되어버렸다. 즉 VR의 체험은 HMD를 착용함으로써 현실과 또 다른 간격의 몰입감이 강하게 형성되어 버린 것이다.

표현 영역의 확장

앞서 말한 360도 공간을 확장한다는 것은 연출가의 입장에서 보면 그리 순탄치 않은 과정들의 연속이다. 기존의 영화 및 영상 문법에서 하나의 카메라를 기준으로 한 곳을 향하는 촬영이 시작되었다면 VR의 촬영은 전방, 후방, 좌, 우, 상, 하를 모두 아우르는 촬영을 하여야 한다. 이는 컨트롤해야 하는 카메라의 증가로 이어진다. 물론 렌즈 2개로 이루어진 저가 VR 카메라가 시중에 나와 있지만 이를 통한 환상적인 표현을 하기에는 기술적 한계가 느껴진다.

따라서 다중의 카메라(일반적으로 6개)를 사용해야 하는데 이를 컨트롤하는 것이 기존 카메라에 비해 용이하지 않다. 또한 촬영을 한다는 그 자체가 공간에 카메라를 둔다는 의미인데 사방 팔방을 찍고 있는 카메라에서 스텝 및 연출가 자신을

VR 카메라[4] (그림 6)

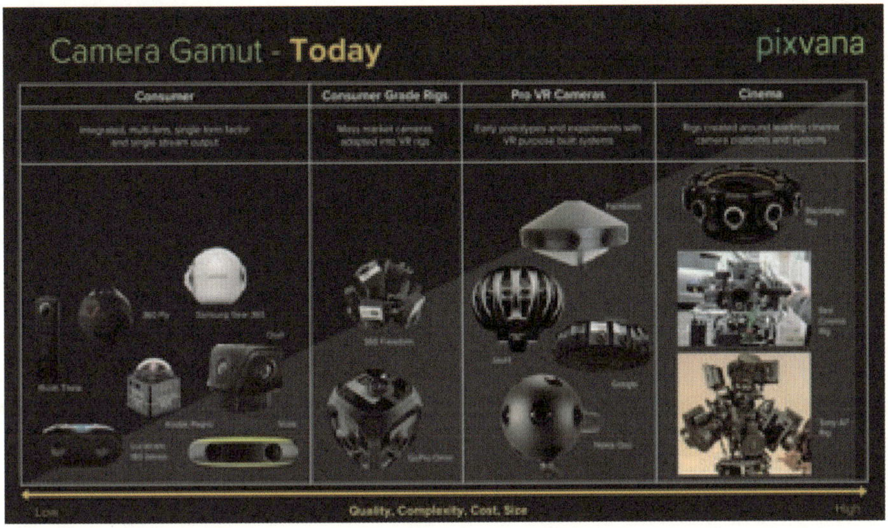

숨기는 일은 굉장히 곤욕스러운 일이다. VR 카메라를 사용함과 동시에 자신을 찍고 있는 카메라를 바라보아야 하며 촬영기간 동안 숨을 곳을 찾아 이동하는 숙명의 길을 벗어날 수 없다. 또한 인덱스(index)로 트라이포드(tripod)가 존재한다. 자세히 보면 VR 화면 바닥 부분 블랙 혹은 화이트로 처리되거나 회사 로고로 가려져 있는 부분이 있는데 이러한 부분들이 VR의 인덱스로 인한 것들이다. 따라서 VR 영상이 더욱 사실적으로 보여지기 위해서는 합성이 필수적으로 행해져야 한다. 연출가는 공간의 구성과 더불어 합성의 부분들도 고려의 대상에 넣어야 하는 것이다. 참고로 VR 영상의 합성은 일반적 합성과 달리 등차방정도형 기법을 사용하기 때문에 숙련된 오퍼레이터의 투입을 사전에 염두해 두어야 한다.

아울러 VR이라는 가상 공간을 만들기 위해서는 렌즈 화각이 겹치는 어안렌즈를 사용할 수밖에 없다. 이는 필연적으로 가까운 구간에 왜곡이 발생하며 이 때문에 영화에서 클로즈업과 같은 효과를 얻고 싶으면 인물이 VR 카메라로 다가오는 수밖에 없다. 실제 성학십도 촬영에서도 이러한 상황을 연출했는데, 극적인 효과를 주기 위해 아이들이 멀리서 뛰어와 카메라를 향해 이야기하는 장면이다. 이렇듯 연출가가 극적인 효과를 창조하기 위해서는 시나리오와 함께 카메라와 배우 간의 상관관계에 대한 충분한 이해가 필요하다. 즉 배우는 연기하는 사람인 동시에 카메라의 렌즈 역할도 할 수 있기 때문에 배우와 VR 카메라 동선을 면밀하게 파악하고 촬

성학십도 VR 촬영에서의 클로즈업(그림 7)

영에 들어가는 것이 필요하다.

이미지의 관리, 다시 말해 촬영 아카이브를 정리하는 부분 역시 연출가에게는 VR 영상의 중요한 고려 요소이다. 현재에 들어 VR 영상은 몰입성의 극대화를 위해 예전 일반적 평면 영상에서 입체감과 거리감의 효과를 극도로 살린 3D 입체 영상으로 바뀌고 있는 추세이다. 이는 촬영을 위한 카메라의 숫자가 2배수로 늘어난다는 사실이며 연출가의 영상 이미지 관리가 점점 까다로워진다는 반증이다. 예를 들어 6개의 구성을 가진 VR 카메라라 가정한다면 입체 영상을 찍기 위해서는 12개의 카메라가 투입되어야 하며, 작업 영역도 단순 계산만으로 12배를 소화해내야 한다. 이는 곧 제작비의 증가로 이어지며, VR 멀미에도 더 취약한 구조를 파생시키게 된다. 눈과 눈 사이의 간격을 최소화하기 위해서는 스티칭[5]이란 부분 역시 연출가의 머릿속에 고려되어야 하는 사항이다. 연출가가 무리하게 스티칭의 간격을 줄이려 초경량화된 카메라를 사용하는 순간 관용도 문제와 품질저하라는 문제에 금새 도달하게 된다. 만약 품질을 높이려면 카메라는 사용 비용이 기하급수적으로 증가하

Stereoscopic depth perception[6] (그림 8)

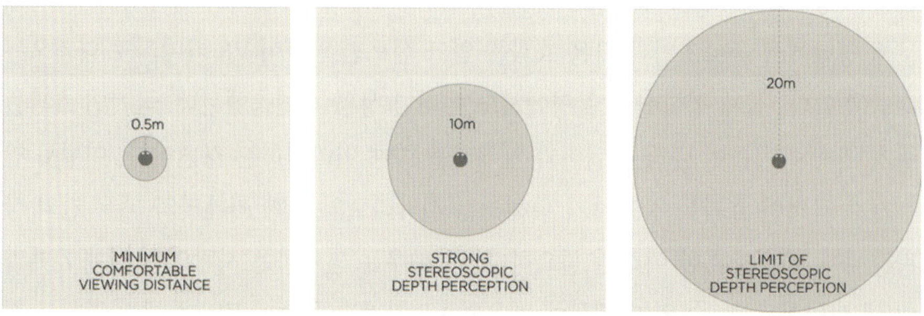

▌VR 카메라 화각[7] (그림 9)

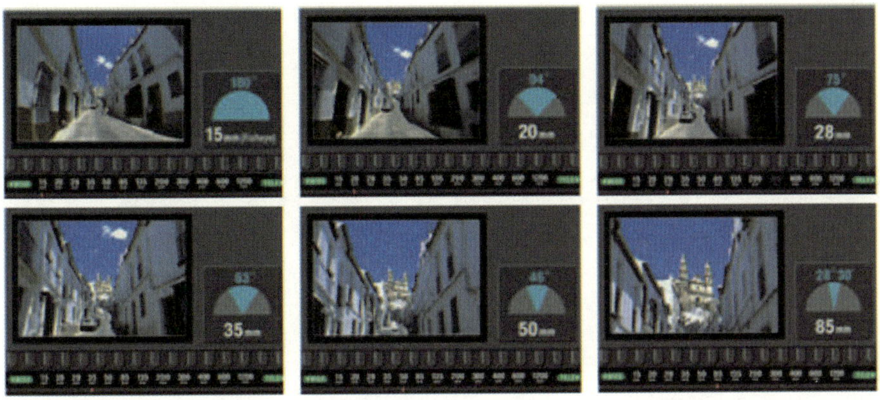

게 된다. 또한 부담스러운 가격 때문에 일반 사용자는 접근하기가 굉장히 어렵다.

불행스럽게도 고려해야 하는 사항은 여기서 끝나지 않는다. 화면을 구성하는 HMD는 어떨까? 현재의 보편적인 HMD의 화질 지원은 대략 FHD를 지원한다. 요즘 새로 출시하는 HMD가 간혹 UHD(4K)를 지원하지만 어디까지나 한정적이다. 하지만 기존 영상 및 영화는 이미 UHD(4K), 8K까지 디테일한 부분까지 표현할 수 있으며, 이를 통한 관람객 눈을 사로잡는다. '그렇다면 이러한 초고화질에 익숙한 관람객의 기준을 어디까지 충족할 수 있을까?'라는 의문이 필연적으로 연출가에게 따라붙을 수밖에 없다.

기존 좋은 화질에 익숙한 관람객의 몰입감을 방해하는 않는 범위는 어디까지이며, '연출가는 어느 선에서 타협을 할 것인가?'라는 물음은 끊임없이 존재한다. 하지만 그것에 대한 적절한 답은 아직도 수치와 가이드라인으로 제안된 바 없다. 아직 모두 경험치로서 답해야 하는 부분이다.

VR의 Creative storytelling과 확장 가능성 발전적 상황

앞서 VR 연구에서 연출가가 필히 가져야만 하는 VR 디바이스의 이해 및 연출가 역량 강화를 이야기해 왔다면, 마지막으로는 VR 연구를 통한 표현 능력의 확장 가능성에 대해서도 논의해보고자 한다. 예전부터 영상 및 영화는 선형적 스토리 구성을 통해 연출가의 의도를 전개시켜 나갔다.

2D VS 3D Storyboard[8] (그림 10)

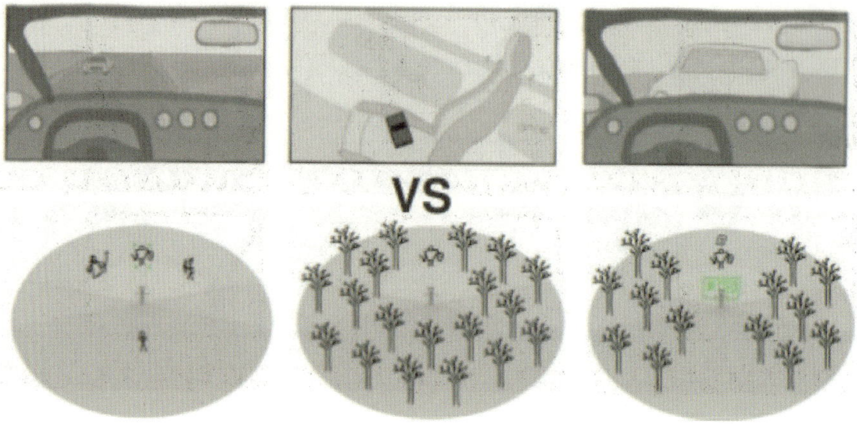

VR도 이러한 선형적 연출 구조에서 그게 벗어나지는 않지만, 이런 선형적 방법만으로 VR 기기를 접근했다면 이 기기가 가지고 있는 잠재력을 충분히 활용하지 못하고 만다. 그 이유는 간단하다. VR 디바이스는 지금까지 단방향으로 보여주는 주류 영상의 미디어 특징에서 벗어나 태생적으로 기존 영상과 다른 특성인 인터랙션 장치로서의 가능성을 지니고 태어났기 때문이다. 물론 지금까지도 속성을 첨가하지 않은 채 기존과 같은 선형적 방법만으로 세상과 조우하는 많은 VR 영상이 존재한다. 하지만 인터랙션이라는 장치를 사용하면서 영상의 전개 방식은 기존과 다른 확장적 가능성을 지닌다. 이러한 인터렉션 스토리텔링 표현 방식은 다양한 전개 방식을 가능하게 함으로 영화적 분류보다는 게임적 분류를 해야한다는 목소리도 있긴 하지만, 연출가의 입장에서만 바라본다면 게임의 효과를 가지고 원하는 영화 즉 스토리텔링으로로 가져가 온전한 몰입에 가까이 갈 수 있게 한다는 부분이야 말로 VR 연구의 매혹적인 부분이다. 공간과 인터랙션을 이용한 스토리텔링은 이전의 영상 및 영화와 차별된 구성을 만들어간다. 물론 인터랙션을 활용한 스토리텔링을 구성하기 위해서는 VR의 프레임, 공간, 미학적 가치 등 여러 가지를 이해해야 하고 현실적으로 놓여 있는 많은 문제도 극복해야 한다. 하나의 예로 촬영 때 정확한 촬영 후반 공정을 숙지해야만 하는데, 여러 공간을 여러 대의 카메라로 나누어 찍는 VR의 특성상 촬영 현장에 바로 찍은 영상을 확인할 수 없다는 것은 아직 현재 기술이 해결하지 못한 커다란 제약이 된다. 이것은 마치 필름으로 영화를 찍던 시절 몇몇 숙련된 기술 전문가들이 할 수 있는 영역과 마찬가지로 그 과정 전반과 연출된 결과에 대한 전반을 머릿속에서 상상해야 하는 부분이 된다. 이는 아직 경험이 미약한 예비 연출가들의 접근성을 제약하고 있다. 하지만 기술의 발전 속도를 비추어보면 필름에서 디지털로 넘어가 바로 영상의 확인이 가능해졌던 것처럼 조만간 이러한 문제들 역시 해결될 듯하다.

룸 스케일이라는 공간적 확장과 실사 촬영 VR 맵핑의 결합 역시 이제 주목할 만한 접근이 되어버렸다. 실사 기반의 VR 영상에서부터 애니메이션, 컴퓨터로 연동되고 통제되는 인터랙션까지… 하나의 프레임에서 다중적・공간적 확장의 미디어의 융합은 VR 융합연구를 추구하는 연출가가 가장 주목해야 하나 사안이 되어버렸다.

결론

결론적으로 기존의 선입견을 가지고 영상 및 영화적 원리를 차용하여 VR에 그대로 적용하는 것은 극히 위험한 접근 방식이다. 앞서 살펴보았듯이 VR은 하나의 큰 플랫폼 안에 다양한 예술 형식들이 경계없이 허물며 다닐 수 있는 새로운 공간이다. 이러한 새로운 공간을 개척하기 위해 연출가는 끊임없이 공간의 이해와 더불어 미학적 관점, 후반 작업 및 컴퓨터의 사용, 전문화된 코딩 등 여러 도전해야 할 항목을 이해해야 한다.

이러한 종합적인 이해가 필수적이란 사실은 VR을 이용해 융합연구를 하고자 하는 융합연구 연출가들에게 진입장벽으로 느껴질 수도 있다. 하지만 새로운 기술에 바탕에 두고 있는 연구에서 기술적 부분과 예술적 부분을 종합하고, 기술을 예술적으로 치환되는 데 있어 연출가는 가장 이를 잇는 중요한 가교 역할을 해야 한다. 즉, VR 접근의 어려움에도 불구하고 여러 어려움을 극복하고 하나의 새로운 예술적 구성으로 융합하는 것이야 말로 연출가의 몫인 것이다. 그렇다면 마지막으로 이 어려움을 연출가의 개인기로만 극복해야 하는가? 결론부터 말하자면 아니다. 늘 세상살이가 그렇듯 나보다 다른 부분에서 뛰어난 기술자와 융합자는 존재한다. 확신하여 말하자면 앞서 말한 모든 것보다 더욱 중요한 연출가의 덕목이 바로 여러 기술자 및 융합 연구자, 협력자들의 화합적 결합을 할 수 있는가?이다. 앞서 말한 예술적 구성과 VR 창작이 연출가 힘만으로는 도저히 불가능하다. 서로에 대한 신

뢰와 협력이야 말로 VR을 무한한 확장으로 이끌 수 있으며, 서로 존중하고 상호 보완적인 노력이야 말로 VR을 융합적 연구 중심에 안착시킬 수 있는 원동력이라 확신한다. 그 결과 VR 융합연구는 기존의 매체와 같이 치부되어 버리는 것이 아니라, 상위 개념 혹은 확장된 개념으로 발전하여 나아갈 수 있을 것이다.

마지막으로, VR의 등장으로 기존 미디어의 경계는 서서히 무너져가고 새로운 복합적 미디어 및 상위 개념의 미학적 정립으로써 새로운 형태의 매체가 될 가능성이 커졌다. 따라서 VR이 기존 방식과 기술적 포커스를 맞추는 좁은 시각에서 벗어나 새로운 문화예술의 연구로써 VR의 확산의 장을 VR 연출가 및 여러 기술자, VR 협력자들이 힘을 합쳐 유기적으로 열어주는 것이 중요하다. 이는 VR 융합연구의 모든 구성원들이 같은 목표를 바라보고 전진하는 열린 마음과 넓은 시각을 요구하며, 단지 플랫폼 기능만이 아니라 새로운 형태의 상위 개념의 확장된 공간을 펼쳐질 수 있도록 모든 융합 구성원들이 자강하며 힘쓰고 발전시켜 나가야 할 것이다.

기존의 관행적 예술과 VR 사이에서 새롭게 정의된 구성은 기존 예술의 경계를 해체 혹은 이완시키며 새로운 형태와 결합을 유도하는 복합 연구 형태로 이어질 것이라 확신한다. 앞서 언급했듯이 VR 융합연구 성과로 이어지기 위해서는 VR 융합연구에 뜻이 있는 연출가와 유능하고 적극적인 구성원 모두가 단일대오를 형성할 때 비로소 완성된다. 또한 노력의 결과는 성공의 눈덩이를 나날이 굴려 다양한 형태로 발전시켜며 곧 VR 연구의 시대를 불러들일 것이라 확신한다.

여러 각도의 영상들이 하나의 구심점으로 만나 VR 영상을 이루고, 프레임이라는 경계를 소멸시켰듯이 이제 연출가 및 기술자 그리고 VR 융합자들의 마음의 경계를 소멸시키는 것이 역설적으로 VR 융합연구를 살릴 수 있는 중요한 소명이 되어버렸다. 그리고 그 경계의 사라짐이야 말로 VR이 독립적 공간에서 열린 공간으로 또 새로운 만남과 창조의 장으로써 존재하는 이유이기도 하다.

미주

❶ VR에서는 전통적 영상 재생 방식으로 재현되었던 경계의 기준인 프레임이 사라진다. 이는 영상의 재생공간으로 한정되었던 내화면과 재생공간 밖의 외화면의 합치가 이루어지며, 이에 따른 카메라의 위치, 시선의 존재 등 기존의 영상 질서에서 벗어나 새로운 독자적 서사 구조를 가지게 된다.

❷ https://www.frontiersin.org/articles/10.3389/frobt.2017.00033/ful

❸ https://questfornew.wordpress.com/tag/oculus-vr/

❹ https://www.roadtovr.com/choosing-the-right-360-vr-camera/

❺ 각기 다른 공간을 촬영한 영상을 하나의 합치된 반구의 영상으로 이어붙이는 것을 말하는데, VR 영상에서 굉장히 중요한 비중을 가지게 된다. 서로 다른 공간들이 부드럽게 이어지지 않으면 관람자는 왜곡, 멀미 등을 일으켜 VR의 온전한 몰입에 방해를 받는다.

❻ https://virtualrealitypop.com/storyboarding-in-virtual-reality-67d3438a2fb1

❼ https://kfk3487.tistory.com/19

❽ https://virtualrealitypop.com/storyboarding-in-virtual-reality-67d3438a2fb1

聖學十圖 VR

탠저블 필로소피: 성학십도 VR

Chapter

09

인간 중심 디자인에 기반한 가상 현실 제작

김형신

퇴계 성학십도 VR 프로젝트는 동양 철학, 미디어아트, 디자인, 컴퓨터 공학, HCI (Human Computer Interaction) 분야의 다양한 연구자들이 모인 학제간 융합연구 프로젝트이다. 본 챕터는 융합연구로서의 성학십도VR(virtual reality), 즉 퇴계가 전달하고자 하는 동양 철학적 사유가 가상의 공간에서 재탄생되어 제작하는 과정에서 고려해야 할 여러 기술적 요소들을 어떠한 과정을 통해서 만들어졌는가 에 대한 논의를 해보았다.

가상 현실 기술은 꾸준히 여러 분야에 적용되어서 발전해오고 있다. 하지만 잘 살펴보면 대부분이 엔터테인먼트 분야나 교육훈련 분야에 한정되어 발전되었다는 점을 알 수 있다. 즐거움을 추구하는 엔터테인먼트 분야 또는 학습이라는 확실한 목표를 가지고 있는 교육 분야를 제외하곤 콘텐츠 개발이 잘 이루어지고 있지 않다. 콘텐츠 개발의 어려움은 여러 가지 관점에서 살펴볼 수 있겠지만, 가장 큰 이유로는 가상 현실이 제공할 수 있는 핵심 경험을 만들어내기 어렵다는 것에 그 문제점을 살펴볼 수 있다. 특히, 현재까지 VR 관련된 프로젝트나 개발물은 사용성과 사용자 경험을 우선시해 연구하기보다는 기술적 가능성을 보여주는 테크놀로지 개발에 치중해 온 측면이 있다. 따라서, 본 프로젝트는 '동양 철학·성리학적 사유'를 핵심 경험으로 재창조하기 위해서 인간 중심 디자인(Human Centered Design) 프로세스에 기반한 '퇴계 성학십도 VR'을 기획하고, VR 환경에서 사용자, 사용 환경, 사용자 경험에 대한 총체적인 현상을 이해하기 위해서 반복적으로 디자인 수정과 개발 과정을 거치는(iterative design process) 사용자 중심 디자인 (UCD, User Centered Design) 원리에 기반하여 제작을 진행하였다.

가상 현실 구현을 위한 인간 중심 디자인Human Centered Design for VR

가상 현실을 잘 만들기 위해서는 영화를 만드는 것, 소프트웨어를 설계하는 것, 건축가가 집을 짓는 것과 같은 모든 경험이 필요하다. 이런 점에서 가상 현실은 기존의 테크놀로지 기반 상품이나 소프트웨어 개발과는 매우 큰 차이가 있다. 다양한 융합적 지식이 필요하기 때문에, 가상 현실 환경은 융합연구가 만들어낼 수 있는 가장 좋은 플랫폼이라고 할 수 있다. 물론 이는 각자 자기 분야에서의 전문성이 잘 반영된다는 가정하에서 말이다. 가상 현실 기술을 구현하는 것은 가상이라는 공간, 즉 환경을 디자인하는 것에서부터 시작한다. 예를 들면, 색과 조명, 사운드 등의 디자인 요소가 바로 그것이다. 환경을 구성하고 나면, 그 환경에서 제공하고자 하는 메시지 또는 사용자 경험에 기반한 콘텐츠가 만들어질 것이고, 그 후엔 사용자가 만들어진 콘텐츠와 어떻게 상호 작용을 할 것인가에 대한 실험 및 연구가 이루어질 것이다.

세계적인 디자인 이노베이션 회사인 IDEO에서는 인간 중심 디자인 프로세스는 크게 3가지 과정: 듣기→ 창작하기 → 전달하기를 통해서 이루어진다고 하였다.❶ 또한, 인간 중심 디자인 툴킷을 만들어서 배포하여 많은 회사나 사회 기업들이 디자인을 통한 혁신적 변화를 가능하도록 도와주기 위한 가이드라인으로 이용되고 있다. 성학십도 VR 팀도 이 과정을 충실히 따르면서 "어떻게 하면 철학적 사유 공간을 기술로 구현할 수 있을까?" 구체적으로, 기술로 무엇을 어떻게 나타낼 것인가? 사용자들은 어떤 경험을 하게 될 것인가? 사용자들의 경험은 과연 어떤 기술로 구현하는 것이 최선의 방법일까? 라는 질문으로부터 구체적인 고민을 시작하였다. 우선 본 프로젝트가 기존의 인간 중심 디자인 프로젝트와 크게 다른 점은 무에서 유를 창조한다는 것이 아닌, 아주 많이 오래된 과거의 기록을 현대에 맞게 다시 재현해낸다는 점에 있다. 과거의 역사적 기록을, 저자가 살아있지 않은 상태에서 현대적 재해석을 통한 구현은 사실 매우 어려운 일이다. 특히, 역사는 학자에 따라 다양한 각도에 따라 해석이 가능하기 때문이다. 따라서 성학십도 VR을 만드는 과정 중에 동양 철학 전문가들과 퇴계학 전공 교수님과의 끊임없는 피드백을 통해서 시청각적 재현의 검증의 과정을 거쳤다. 간단히, 성학십도 VR팀은 두 명의 미디어 아티스트, 세 명의 컴퓨터와 인터랙션 공학자, 두 명의 동양 철학자, 특히 성리학 전공 박사들이 팀을 이루어 이 분야의 석·박사 대학원생 15명과 함께 지난 3년 동안 열린 마음으로 서로의 분야를 학습하며 융합연구를 진행하였고, 성학십도 VR은 융합의 결과물이라고 볼 수 있다. [그림 1]은 인간 중심 디자인 과정을 시각적으로 보여주는 툴킷이다. 간단하게, 위의 도표에 맞추어 성학십도 VR 팀의 개발과정에 대하여 알아보도록 하자.

첫 번째 단계인 Hear(듣기)에서는 문제점을 인식하고 사용자의 니즈나 장애물, 제약을 발견하는 것에 있다. 성학십도는 퇴계 이황이 1568년 12월 왕에게 올린 문서인 상소문이다. 퇴계는 어린 나이에 왕이 된 선조에게 성인이 되는 방법을 10

Human Centered Design Toolkit Process (그림 1) *소요시간은 유동적임

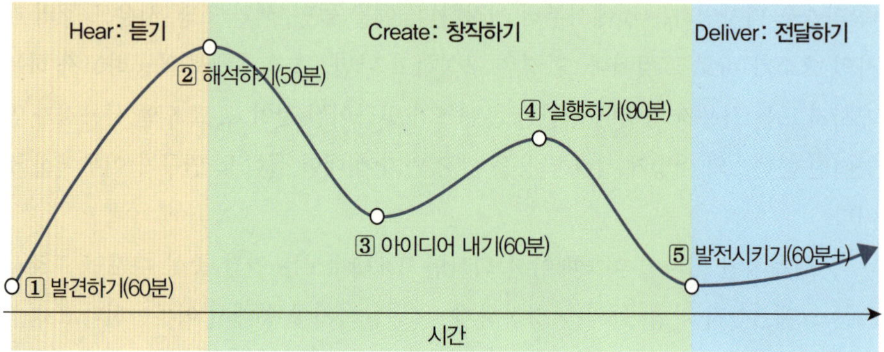

목적	• 대상자의 니즈, 바람 및 미래의 소원을 이해하고 문제점을 인식, 챌린지 도전 과제의 발견	• H단계에서 발견한 것들을 공유하고 해석	• 챌린지를 달성할 수 있는 아이디어 도출	• 도출된 솔루션을 실천하여 검증	• C의 솔루션을 실현가능하고 지속적이게 만들 것인가를 고려, 더 나은 솔루션으로 발전
단계	• 디자인 챌린지 이해하기 • 조사 준비 및 실시 • 영감 수집하기	• 이야기해보기 • 의미 찾아보기 • 기회 포착하기	• 아이디어 만들기 • 아이디어 다듬기	• 프로토타입 만들기 • 피드백 받기	• 최종 발표 및 평가 • 다음 계획세우기
방법	• 챌린지 정의법 • 데스크 리서치 • 필드 리서치(관찰 및 인터뷰)	• 리서치 공유하기 • 깊게 살펴보기 (주제 찾기) • HMW+시각화하기	• 브레인스토밍 • 솔루션 선택하기 • 솔루션 설명하기 (스케치 등)	• 이야기, 모형, 도표, 광고, 역할극, PT 등 • 공유 및 피드백 정리(World Cafe)	• 크라우드 펀딩 (HCD Toolkit Process 과정 발표) • 계획표 만들기(Lean Startup)
결과물	• 우리의 챌린지 • 리서치 기록 • 니즈, 장애물, 제약에 대한 깊이 있는 이해	• 의미와 기회	• 수많은 아이디어 • 솔루션	• 프로토타입 • 피드백 내용	• 최종솔루션 • 적합성, 실현가능성, 지속성 평가 • 영향력 파악 • 실행 및 학습계획

출처: IDEO 인간 중심 디자인 툴킷 / 교육자를 위한 디자인사고 툴킷

개의 각각 다른 주제로 서술하였다. 또 이 내용은 항상 마음속에 새기면서 하루 하루를 생활하기를 바라는 마음에 책 외에 책상에 올려 놓을 작은 책자, 또한 방안에 놓을 병풍 이 3가지의 형태로 성학십도 내용을 만들었다고 한다.[2] 성학십도를 가상현실 기술로 구현하고자 하는 것은 바로 여기에 가장 큰 이유가 있다. 퇴계가 왕에게 바치고자 했던 메시지인 언제 어디서나 성학십도의 내용을 몸과 마음으로 익히고자 하는 바람은 바로 성학십도의 내용으로 이루어진 공간을 디자인하고 사용자 또는 관객이 그 공간을 체험하면서 메시지 내용을 체화하는 것에 큰 의미가 있기 때문이다. 또한 현대의 사용자는 대다수가 조선시대 성리학적 내용에 익숙하지 않을 뿐만 아니라, 한자에도 익숙하지 않은 것이 현실이다. 더 나아가 요즘의 젊은이

들은 유튜브와 같은 영상물을 통해서 지식을 받아들이는 것에 익숙하다. 따라서 단순히 책에 글씨로 쓰여져 있던 내용을 오디오 음성과 동영상 또는 애니메이션으로 시각화하여 가상 현실 속에서 10개의 도에 대하여 사용자는 접촉하게 된다. 이 모든 과정은 1단계 듣기에서 발견하기와 해석하기 단계를 거쳐서 기획되고 논의되어 결정되었다. 기획이 결정되고 나면 2단계인 Create(창작하기)를 시작하였다. 창작하기의 첫 번째 과정은 가상 현실 제작에 적절한 디자인 아이디어를 내는 것이다. 다시 말하면, 우리는 각 도가 나타내고자 하는 주제는 정해져 있으나, 이에 현대적 해석 또는 퇴계가 왕에게 가르치고자 한 내용을 현대의 교육적 적용 주제로 변환하여 의논해보았다. 아래 표는 성학십도의 핵심 주제별로 교육적 적용 가능성을 간략하게 나타내보았다. 특히, 성학십도의 10개의 도는 크게 5개의 핵심 주제로 나누어서 생각해볼 수 있다.

우리는 사용자 중심 디자인 방법에 따라서 아이디어에 따라 기획을 하고, 그리고 워킹 프로토타입(working prototype)[3]을 실제 사용자들에게 사용해보게 함으로써 우리가 의도한 메시지가 잘 전달되었는가? 사용자들은 불편함 없이 가상 현실을 탐험할 수 있는가? 등을 알아보았다. 즉, 워킹 프로토타입을 만들어 철학 전문가들 또는 대중을 대상으로 사용자 테스팅을 인터뷰나 관찰법 또는 설문지 등을 통한 방법으로 진행해보았다. 특히, 동양 철학을 전공한 학자들을 초청하여 그들에

성학십도의 5개 핵심주제

성학십도	핵심주제	교육적 적용 가능성
1도 태극도 2도 서명도	나는 누구인가?	우주 속의 나는 누구이며, 내 속의 우주는 무엇인가? ⇒ 우주와 인류 속에서 나의 정체성을 발견하고 나의 실체를 규명한다.
3도 소학도 4도 대학도 5도 백록동규도	나는 왜 사는가?	나의 삶의 목적은 무엇인가? ⇒ 내가 사는 이유를 규명하고, 나의 삶의 목표를 정립한다.
6도 심통성정도	나의 본래 마음은 무엇인가?	지금의 나의 마음이 본래 나의 마음인가? ⇒ 본래 나의 마음을 찾는다.
7도 인설도 8도 심학도	사랑이란 무엇인가?	사랑이란 무엇인가? ⇒ 왜 사랑하며 살아야 하는가를 깨닫게 한다.
9도 경재잠도 10도 숙흥야매잠도	나는 어떻게 살아야 하는가?	어떻게 사는 것이 바람직한 삶인가? ⇒ 바르게 사는 방법을 깨닫게 한다.

게 현대적으로 재해석된 성학십도에 대한 의견을 들어보는 것은 융합연구의 성공 여부를 결정하는 하나의 필수 과정이라는 생각이 든다. 워킹 프로토타입을 이용하여 형성적 사용자 평가(formative user evaluation)를 진행하는 것은 주로 소프트웨어 개발과정 중 시스템의 성공 여부를 평가하기보다는 개선을 위한 방향성을 찾는 것이 목적이다. 우리 성학십도 팀도 이러한 개선 가능성에 대한 다양한 의견을 듣고, 각자 전문가로서 다른 시각에서 하나의 성학십도 VR 작품을 바라보며 느끼고 보완하고 싶은 의견을 자유롭게 듣는 시간을 가졌다. 특히, 사용자 평가에 참여한 많은 사람들은 동양 철학이 익숙하지 않은 현대인들에게 “동양 철학으로의 입문”의 좋은 방법으로 극찬을 아끼지 않았다. 끝으로, 마지막 3단계: Deliver(전달하기)에서는 2단계의 사용자 프로토타입 사용성 평가에서 나온 결과에 따라 디자인에 대한 수정 및 보완의 과정을 거쳐 작품의 완성도를 높이는 것을 목표로 하였다. 지난 3년간 10개 도를 제작하면서 이러한 인간 중심 디자인 과정에 기반하여 사용자들의 동양 철학에 대한 관심 및 더 배우고자 하는 흥미를 불러일으켰음을 알 수 있다.❸

성학십도 VR에서의 경험 디자인: 자아 성찰적 경험 추구

가상 현실 기술을 이용하여 작품을 만들 때는 항상 사용자 경험이 작품에 성패에 큰 영향을 끼친다는 것은 잘 알려진 사실이다.❹ 먼저 본 장에서는 사용자 경험이 무엇인가에 대한 간략한 설명을 하고, 가상 현실 환경을 개발할 때 특별히 신경써야 하는 ‘사용자 경험’에 대한 요소를 살펴보고자 한다. 끝으로, 성학십도 VR에서 추구하는 핵심 사용자 경험은 무엇이며, 우리 융합연구팀은 어떤 방법으로 이를 구현하였는가를 알아보도록 하자.

사용자 경험이란?

사용자 경험(User eXperience, UX)은 컴퓨터 공학의 세부 전공인 인간 컴퓨터 인터랙션(Human Computer Interaction)에서 나온 개념으로 주로 인간, 즉 사용자가 컴퓨터를 사용하면서 느끼고, 생각하고, 행동하게 되는 총체적인 경험에 대한 것을

▌사용자 경험과 만족도의 요소(그림 2)

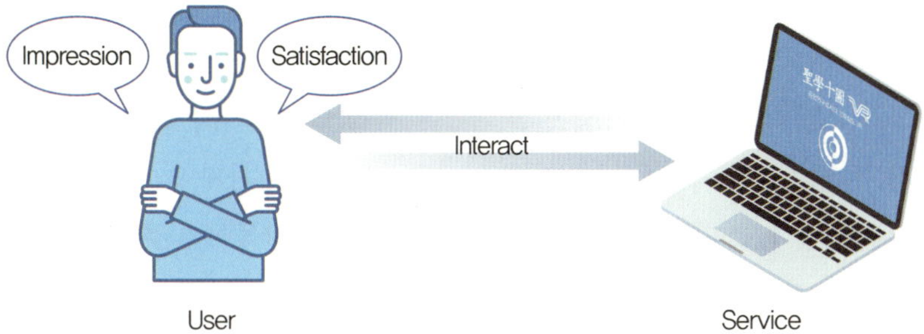

말한다.❹ 초기에는 사용자 경험은 컴퓨터의 소프트웨어 개발 또는 하드웨어 개발의 성패에 크게 영향을 끼치게 됨으로써 대중적인 관심을 받아오기 시작했다.❹ [그림 2]는 사용자 경험을 이해하기 쉽게 도식화해보았다. 사용자는 컴퓨터와 같은 테크놀로지가 제공하는 서비스나 콘텐츠와 상호작용을 하면서 감동 또는 만족감을 경험하게 된다.

간단히 말하면, 사용자 경험은 콘텐츠가 주는 긍정적 경험을 높이고자 하는 것을 목표로 사용하기 쉬우면서 매력적인 경험을 창출해 내는 것을 주된 목표로 하고 있다. 특히, 상품의 경우 이 사용자 경험은 곧 상품의 경쟁력이자 매출과 직접적인 연관이 있는 것으로 많은 개발자나 디자이너들이 간과해서는 안 되는 분야이다. 사용자 경험은 다학제적이며 다분야의 총체적 시각에서 접근해 나가야 하는 핵심적인 원리를 바탕으로 한다. 최근 들어 최신의 최고 기술만으로 최대의 소비자를 창출해내지 않는다는 것을 여러 테크놀로지 관련 상품의 사용 트렌드 분석을 통하여 알 수 있다.❺ 사용자인 우리 인간은 이성적이면서 또한 감성적이기 때문에 제품이 사용하기 쉽고 효과적인가를 보는 사용성, 외형적인 심미적 디자인과 제품이 기능이 잘 설계되었는가를 알아보는 감성적 만족도, 누구나 편하게 접근할 수 있는가를 보는 접근성 등을 여러 가지 사용자 경험 방법(예: 설문지, 인터뷰 또는 실험)을 통해서 구체적으로 알아볼 수 있다.❺ 사용자 평가를 하는 가장 큰 이유는 대다수의 기술에 기반한 무엇인가를 만드는 것은, 앞서 설명한 것과 같이 끊임없는 수정과 재디자인 과정을 거쳐서 탄생한다. 사용자 평가는 이러한 반복적인 수정을 거치는 디자인 개발 과정에서 인간이 중심이 되어 긍정적인 좋은 경험의 창출에 큰 역할을 한다.❻

1957년 모턴 하일리그(Morton Heilig)가 만든 센소라마 시뮬레이터를 초기 가상 현실 연구의 시작점이라고 보면 가상 현실 기술은 사실 역사가 아주 짧은 것은 아니다.[5] 그러나 가상 현실 기술은 아직도 대중화되기에는 여러 가지 면에서의 미흡한 점을 보여주고 있다. 스마트폰의 보급이 모바일 생태계를 만들어낸 것과 같이 가상 현실 기술은 그 기술이 자유롭게 이용되기보다는 각각 기술을 이용하여 다양한 콘텐츠를 만들어보는 시도를 해보는 단계, 즉 생태계 형성의 초중기 단계라고 볼 수 있다. 가상 현실 생태계 발전의 가장 큰 저해 요인은 아마 킬러 콘텐츠의 부재라고 볼 수 있겠지만, 콘텐츠의 부족과 함께 늘 따라 다니는 이슈가 하드웨어와 소프트웨어, 그리고 플랫폼이라고 볼 수 있다.[5] 특히, 가상 현실 기반 콘텐츠에서 제일 중요시 여기는 것은 아마도 몰입감(immersion), 다른 말로는 현존감(presence)이라 볼 수 있을 것이다. 현존감이란 사용자가 테크놀로지가 만든 환경 속에 있으나, 테크놀로지를 이용하고 있다는 것을 느끼지 못할 정도로 몰입되는 환경을 일컫는다고 말할 수 있다.

가상 현실을 경험하고자 하는 사용자들은 가상의 세계 속에 들어가서 현실보다 더 진짜 같은 공간을 느끼고 경험하고 싶어한다. 과연 어떻게 만들어야 사용하는 사람들이 현실과 같다고 느껴질까? 라는 큰 고민을 시작으로 개발자와 디자이너들은 기획을 하기 시작한다. 아니 어쩌면 그들은 현실보다 더 재미있고 흥미진진한 공간을 만들 수 있을까? 하는 더 큰 방대한 꿈을 가지고 대부분 콘텐츠를 기획할 것이다. 특히, 가상 현실에서 제공하는 상호작용성(interactivity)을 통해서 사용자들은 현존감 또는 몰입감을 경험할 수 있게 되기 때문이다. 왜 상호작용성은 현존감 을 높이는 데 도움이 될까? 이는 텔레비전과 비교하면 쉽게 설명이 가능하다. 많은 사람들은 텔레비전은 바보상자라 하면서 보는 이에게 생각과 행동을 필요로 하지 않는 "메시지가 일방적으로 전달되는" 미디엄이라고 이야기한다. 다시 말하면 텔레비전을 통해서 보는 콘텐츠는 단순히 사용자가 제작자나 개발자의 의도에 따라 수동적으로 보는 데 그친다고 할 수 있다. 하지만 가상 현실에서 제공되는 콘텐츠는 사용자의 상호작용을 통해서 일방향이 아닌 쌍방향으로 종종 작동하여, 콘텐츠가 여러 가지 내용으로 펼쳐질 수 있는 확장성이 있다고 볼 수 있다. 텔레비전을 시청하는 것과 달리 같은 콘텐츠를 다수의 사람이 관람한 경우 각자의 경험은 상호작용을 어떻게 했느냐에 따라 충분히 달라질 수 있다.

또한 가상 현실 기술기반 사용자 경험 디자인에서 중요시되는 것은 이 상호작용성과 함께 기술적으로 어지러움을 유발하면 안 된다는 점이다. 특히, 과거에 가상 현실 기술이 많이 발전하기 못했을 때 다수의 사용자들이 경험한 가상 현실 콘텐츠를 경험하면서 어지럼증과 멀미를 동반하여 가상 현실 대중화에 큰 한계로 보여주었다. 특히, 가상 현실 기기 중 헤드 마운티드 디스플레이(Head Mounted Display, HMD)는 왼쪽 눈과 오른쪽 눈 양쪽을 동시에 처리하면서, 실시간으로 화면을 렌더링해서 표현해야 하기 때문에 하드웨어의 연상 능력이 충분하지 않을 경우 지연 시간이 발생하고 이로 인해서 시차가 발생하여 멀미가 일어날 수 있다고 한다. 이 멀미 문제를 최소하하는 접근 기술적 관점과 콘텐츠 관점이라는 두 가지 측면에서 해결해볼 수 있다. 우리 성학십도팀은 기술적인 접근보다는 이 문제점을 해결하고자 시야각 제한 및 시점 이동 속도를 조절하여 콘텐츠 제작을 하여 사용자 경험에 멀미가 최소화하도록 노력하였다.

성학십도 VR에서 추구하는 자아 성찰적인 사용자 경험

성학십도가 가상 현실 기술을 만남으로서 HMD를 쓴 모든 사람들에게 철학적 사유를 체화된 경험을 통해서 제공할 수 있게 되었다. 이제까지는 철학이란 직접 몸으로 느끼기는 어려운 학문이었다. 특히 철학을 직접 몸으로 느끼기 위해서는 깊은 이해 및 생각의 사고 없이는 가능하지 않았다. 깊은 이해를 위해서는 우선 성학십도란 책을 읽기가 쉬워야 하는데, 한자어로 쓰여진 성학십도는 현대인들에게 접근하기 어렵고 낯선 콘텐츠임에 틀림 없다. 한자어를 몰라도 철학적 배경 지식이 없는 사람들을 타깃으로 하여 한자어에 대한 한글 해석 및 청각적 설명도 추가하였다.

즉, 우리는 성학십도 VR에서 가상 공간에서 몸으로 체화된 철학적 사유를 누구에게나 경험할 수 있는 환경을 제공함으로써 퇴계가 왕에게 전달하고자 하는 메시지를 사용자들이 개인의 주관적인 경험에 기반하여 받아들인다는 점이 그 가장 큰 목적이다. 성학십도팀은 각 도를 기획할 때마다 아래의 질문들을 끊임없이 주고받으며, 현대인들에게 가장 적절한 방법을 찾아가도록 하였다. 성학십도는 현대인들에게 어떤 의미를 주는가? 또는 성학십도가 가지고 있는 의미 있는 메시지가 우리 현대인들에게 어떤 점에서 도움이 될 수 있을까?

특히, 본 책의 2장에서 8장까지는 이러한 인간 중심 디자인 원칙에 기반하여 가상 현실 기반 사용자 경험을 최대화하기 위한 여러 가지 방법에 대한 접근을 통해서 성학십도 VR을 만들었음을 구체적 사례를 통해서 보여준다. 아래 [그림 3]에서 한눈에 보여주는 바와 같이 사운드 디자인, 모션 그래픽, 사용자의 시점, 사용자 인터랙션, 게이미피케이션을 통한 성리학의 개념을 게임의 구성과 플레이를 통해서 이해하기 등과 같은 방법이 바로 그것이다.

가상의 현실 공간을 만들 수 있게 된 것은 컴퓨터 그래픽스의 발전에서 시작되었다고 볼 수 있다. 컴퓨터 그래픽스가 만든 시각이미지, 사운드가 만든 청각정보 이 두 가지가 현재 가상 현실에서 사용자들에게 가상의 공간을 실제와 같이 느끼게 해주는 가장 큰 두 요소라 볼 수 있다. 특히, 성학십도의 철학적 메시지를 전달하기 위한 시각 이미지 연출은 다양한 방법을 통해서 시도하였다. 360 카메라를 이용한 영상, 그래픽에 기반한 영상 또는 사용자들에게 가상 공간에 친숙한 2D 애니메이션을 통해 철학적 메시지가 그것이다. 기존의 영상 촬영 편집과 달리 360 카메라를 이용한 영상 제작 방법의 주의점은 8장에서 잘 서술되어 있다. 또한 우리는 오감(시각, 청각, 촉각, 미각, 후각)을 통해서 세상에 대한 정보를 센싱한다. 현재 미각 및 후각은 현존 가상 현실 기술에서 구현하기 힘든 것이 현실이고, 촉각은 컨트롤러를 통해서 조금씩 시도되어 오고 있으나 역시 외부장치를 통해서 받아들이는 것이 대부분이라 몰입에 도움을 주지는 않는다. 이렇게 보듯 대부분의 가상 현실 콘

▌성학십도 VR 개발 과정(그림 3)

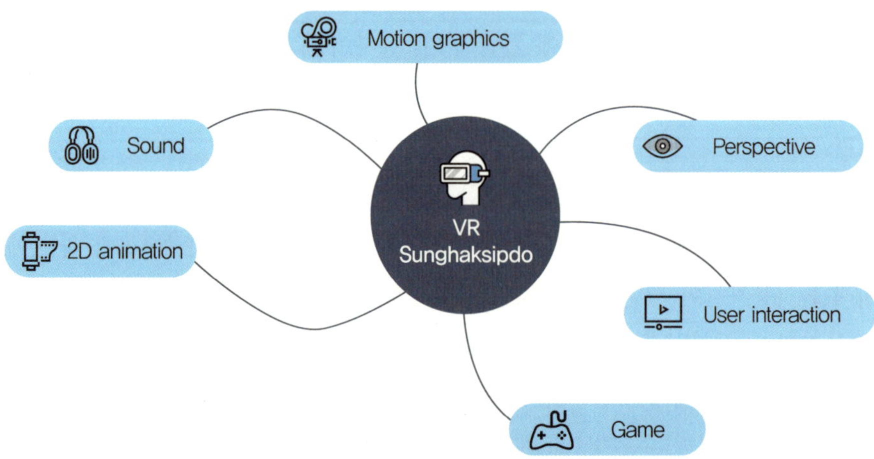

텐츠는 시각적 정보에 의존하는 것을 알 수 있다. 우리 인간은 세상에 대한 정보를 오감으로 받아들인다. 따라서 가상 공간에서의 정교하게 잘 디자인된 사운드는 우리에게 실제 공간에 있는 듯한 현존감을 올리는 데 큰 역할을 할 것이다. 2장에서는 가상 현실 사운드의 중요성과 우리가 접근한 사운드 디자인 과정에 대하여 구체적으로 서술하였다. VR상에서의 사용자경험(UX) 증가에 대한 구체적이고 체계적인 제안을 한 연구 및 성과는 찾아보기 어렵다. 이는 가상 현실을 구현한다는 것 자체의 기술적 니즈가 많이 필요로 했기 때문에 불가피한 현상이었다. 하지만 가까운 미래에는 많은 분야에서 가상 현실을 이용한 응용 어플리케이션이 개발될 것으로 볼 때 본 연구는 사용자경험과 인터페이스에 대한 VR UX(User eXperience)의 새로운 디자인 프레임을 만들어보고자 한다. 특히, 이는 7장 성학십도 VR에서 논의되고 접근된 VR Navigation Interface를 보면 구체적으로 잘 나타난다.

사실 철학적이고 개념적인, 때로는 자아성찰적인 VR은 우리에게는 익숙하지 않은 가상 현실 공간이다. 기존의 가상 현실 기술은 의과 수술 또는 비행기 조종과 같은 실제 경험할 수 있으나 위험하거나 어려운 환경을 재현해서 사용자들에게 학습 또는 훈련의 공간으로 제공하거나, 우주 또는 심해 바다 같은 존재하나 쉽게 볼 수 없는 세상에 대한 경험을 느끼게 해주는 물리적으로 존재하는 것에 대한 구현을 통한 사용자경험에 초점을 두었다. 즉, 얼마나 실제와 비슷했는가? 진짜 그곳에 온 듯한 느낌을 받았는가?가 주로 사용자경험 평가의 주요 항목이었다. 이러한 것은 '수술 또는 비행훈련' 같은 객관적 경험에 대한 측정 방법론에 기반하여 발전하고, 개개인마다 특별히 다른 결과를 가져오지 않는다고 볼 수 있다. 그러나 우리의 성학십도 VR은 사용자들에게 자기 반성 또는 내적인 주관적 경험을 기반으로 하는 사용자 경험을 추구하기 때문에 사용자들마다 다양한 내적인 경험을 할 수 있으리라 본다. 더 나아가 내적인 자아성찰을 통해 사용자들은 성리학의 개념에 대한 배움과 실천을 동시에 경험하게 된다. 이러한 사용자 경험은 평가하기가 상당히 어려운 것이 현실이다. 우리 연구팀은 사용자 평가를 위해서 인터뷰와 설문지와 같은 정통적인 방법에 추가하여 인간의 감정상태를 측정할 수 있는 뇌파나 다양한 생리학적 데이터를 이용하여 주관적 경험에 대한 평가척도를 마련하고자 한다. 이러한 지극이 개인적이고 주관적인 경험에 대한 사용자 연구는 앞으로 다양한 면에서 이용되어 지리가 기대되어진다.

마무리하며

바쁜 현대인들은 사고의 깊이보다는 빠른 변화에 대응하느라 생각하는 시간은 점점 짧아지고, 즉각적으로 적절히 반응하는 데 익숙해져 있다. 가상 현실을 통해서 사람들은 진짜는 아니지만 진짜 같은 경험을 할 수 있는 공간을 만들어 새로운 경험, 다시 말하면 현실에서는 불가능한 경험을 하고 싶어 한다. 우리는 성학십도 라는 책에 기반하여 좀 더 철학적이고 사유적 공간을 만들어 사용자들에게 좀 더 독특한 가상 현실 경험을 할 수 있는 공간을 구현해보았다. 기존의 철학적 사유는 모든 이의 머릿속에서 이해되고 주로 내적인 경험을 통함으로써 소수의 공부한 자만의 특권이라고 볼 수 있었다. 성학십도에는 퇴계 성리학의 핵심 원리인 '경(敬)'이 잘 서술되어져 있다. 이는 임금이 백성을 다스리는 마음가짐을 실천과 행동으로 나타내기를 바랬던 퇴계 이황의 염원이라 할 수 있다. 본 VR 프로젝트를 통해서 우리는 이러한 성리학의 기본 원리 및 깨달음을 가상 체험을 통해서 사용자들에게 경험할 수 있게 하는 것을 소망한다. 더 나아가 후에 가상 현실 기술을 이용하여 우리와 같은 개념적(conceptual), 명상적(meditative), 정신적(spiritual)인 공간으로 만들고자 하는 모든 분들에게 본 책의 제작 과정이 도움이 되지 않을까 하는 희망을 가지며 글을 마무리한다.

미주

❶ O'Grady, J.V. & O'Grady, K.(2009, February 1). A designer's research manual: Succeed in design by knowing your clients and what they really need. Rockport Publishers. Retrieved from http://ce.safaribooksonline.com/book/graphic-design/9781592535576

❷ 퇴계 성학십도

❸ 워킹 프로포타입이란 실제 구현하고자 하는 것을 사용자가 사용해볼 수 있도록 하여 개발자의 의도에 맞도록 사용자가 이해하고 작동되는 가를 확인하는 것

❹ 사용자 경험 스케치 - 창의적 디자인을 고민하는 모든 디자이너의 방법론, 빌 벅스턴

❺ 가상 현실 개념 사전, 정동훈, 21세기북스

❻ Human Computer Interaction

| 저자약력 |

이현진 연세대학교 커뮤니케이션대학원 영상예술학 분야, 미디어아트 전공 교수이며, 연세대 미래융합연구원 X-Media Center의 센터장이자 Play Makers Lab 디렉터이다. 미디어아티스트이기도 하다. 현재 한국연구재단의 학제간 융합연구사업의 지원을 받아 〈성학십도 VR〉 프로젝트를 이끌고 있다.

이원진 연세대학교 미래융합연구원 X-Media Center의 연구교수로, 글로벌엘리트학부에서 철학을 가르친다. 〈성학십도 VR〉 중 성학십도 스토리텔링을 맡고 있다. 서양철학을 배웠으나 10여 년 신문기자를 하는 동안 한국 사람은 누구인가에 관심을 갖게 됐고, 퇴계학을 공부한 뒤로는 쭉 '매력적 한국학'의 터무늬(플랫폼)를 마련하고자 하고 있다. 특히 한국의 전통과 첨단을 하나로 잇고 싶어 한다.

김형신 국민대학교 테크노디자인전문대학원 스마트경험디자인학과 인터랙션 디자인 전공 교수이며, HCI 리서처로 디지털 헬스케어시스템 디자이너다. 학제간 융합연구사업 〈성학십도 VR〉 프로젝트의 공동 연구자로서, 유의미하며 즐거운(meaningful but playful) 인터랙션을 만들어내는 데 관심이 많다. 궁극적으로 인터랙션을 통해서 기술과 사람이 아름답게 공존하는 사회를 만들고 싶다.

박진훈 한국영상대학교 광고영상디자인과 교수이자 학제간 융합연구사업 〈성학십도 VR〉 프로젝트의 공동 연구자이며, 미디어아티스트이다. VR을 이용한 시공간의 확장가능성과 함께 관객의 상호작용을 연구하고 있으며, 소비자의 참여로 이루어지는 뉴미디어 광고 및 인터랙티브 광고에 깊은 관심을 가지고 있다. 뉴미디어 광고로 인한 소비자의 행동양식의 변화 역시 그가 탐구하고 있는 주제이다.

김지연 연세대학교 커뮤니케이션대학원 영상예술학 분야, 미디어아트 전공 석사를 마쳤다. 현재 연세대학교 미래융합연구원 X-Media Arts Center 연구원으로 소속되어 있으며, 한국 영상대학교의 겸임 조교수로 학생들을 가르치고 있다. 2D & 3D 모션그래픽 디자이너로 활동 중이며, 정보에 대한 일차원적 접근에서 벗어나 UX/HCI 관점에서 작품과 수용자와의 관계성에 대한 연구를 진행하고 있다.

김현수 연세대학교 커뮤니케이션대학원 영상예술학 분야, 미디어아트 전공 석사과정에 재학 중이다. 미래융합연구원 X-Media Center의 학생 연구원이며, 〈성학십도 VR〉에서는 기획 및 2D 그래픽 부분의 제작에 참여하고 있다. 인디, 상업을 가리지 않고 다양한 영역의 게임, 그리고 이를 경험하는 플레이어의 예술적 힘에 대한 관심을 중심으로 VR, 미학 등의 다양한 주제를 탐구하고 있다.

김호남 연세대학교 영상예술학 분야, 미디어아트 전공 석사과정생이며, 현재 팀 트라이어드(Team Triad)에서 활동, 작업하고 있는 미디어아티스트이다. 성학십도 VR 프로젝트에서는 기획과 VR을 위한 다채널 사운드 출력 장치 제작에 참여하였으며, 미디어아트 작업에서의 코드 공유 등의 문제에 관심을 가지고 있다.

문준석 연세대학교 커뮤니케이션대학원 영상예술학 분야, 미디어아트 전공 석사과정에 재학 중이고, 연세대학교 X-Media Arts Center의 학생연구원이다. OSHW, 게임엔진, Web 등의 다양한 프로그래밍 기술을 기반으로 관객과 상호작용할 수 있는 예술 작업을 연구하고 있다. 〈성학십도 VR〉 연구에서는 유니티 게임엔진을 사용하여 성학십도 VR 콘텐츠의 구현에 참여하고 있다.

정해진 연세대학교 커뮤니케이션대학원 영상예술학 분야, 미디어아트 전공 석사과정에 재학 중이다. 현재 연세대학교 X-Media Center의 학생연구원이며, 〈성학십도 VR〉에서는 기획 및 제작에 있어 드로잉에 관련된 이미지와 스토리보드 그리고 2D 애니메이션 부분에 참여하였다. 2D 애니메이션을 그려왔던 경험들을 토대로 애니메이션의 다양한 궤적 안에서 연결점을 만들어내는 것에 관심을 갖고 있다.

현승철 연세대학교 커뮤니케이션대학원 영상예술학 분야, 미디어아트 전공 석사과정에 재학 중이며, 연세대학교 X-Media Arts Center의 학생연구원이다. 디지털 게임의 구성요소(Computer Graphics, FSM, Network, Particle, H/W)를 활용하여 다양한 플랫폼에서 인터랙티브 콘텐츠를 만드는 작업을 하고 있다. 〈성학십도 VR〉 프로젝트에서는 개발 엔진을 활용하여 실제 구동되는 시스템 구성 및 클라이언트 프로그램 개발에 참여하고 있다.

홍광민 연세대학교 커뮤니케이션대학원 영상예술학 분야, 미디어아트 전공 석사과정생이며, 현재 팀 트라이어드(Team Triad)에서 활동, 작업하고 있는 미디어아티스트이다. 〈성학십도 VR〉 프로젝트에서는 보다 풍부한 VR 감상을 위해 골전도 이어폰과 다채널 스피커를 이용한 VR 사운드 스케이프 및 각종 사운드 디자인, 음악 제작에 참여하고 있다.

탠저블 필로소피: 성학십도 VR

2020년 6월 25일 1판 1쇄 인쇄
2020년 6월 30일 1판 1쇄 발행

저　자 | 이현진, 이원진, 김형신, 박진훈, 김지연, 김현수, 김호남, 문준석, 정해진, 현승철, 홍광민
발행인 | 이수영
발행처 | 도서출판 청람
서울시 마포구 독막로 288(대흥동, 세양상가 109호)
전　화 | 02)3272-2601~2
팩　스 | 02)3272-2603
이메일 | crbooks@daum.net
홈페이지 | http://www.crbooks.co.kr
등　록 | 2000.8.26 제6-0509호

ISBN 978-89-5972-761-2 93110 [정가 22,000원]

이 저서는 2017년 대한민국 교육부와 한국연구재단의 지원(NRF-2017S1A5B6055825)과 연세대학교 학술연구비의 지원을 받아 수행된 연구임.